Piemont · Turin

Jenny John

Reisen mit Erlebnis-Garantie

MERIAN-TopTen

Was Sie unbedingt sehen sollten

MERIAN-Tipps

Persönliche Empfehlungen

unserer Autoren

MERIAN-Bewertung

Nicht zu übertreffen

Herausragend

Sehr gut

Für Familien

Für Eltern mit Kindern besonders

geeignet

Tourenplaner

Damit Sie leichter ans Ziel kommen

Titelbild

Weinlandschaft in den Langhe

(G. Jung)

Blick vom Monte dei Cappuccini auf das Wahrzeichen Turins, die Mole Antonelliana (→ S. 24).

✦ Karten und Pläne

Die Buchstaben-Zahlen-Kombinationen im Text verweisen auf die Planquadrate der Karten, z. B.
■ E 14, S. 117: Kartenatlas
■ b 3, S. 39: Detailkarte innen
■ d 3: Klappenkarte hinten

O mangi, o bevi, o vedi – ein Reiseziel ist dann interessant, wenn sich der Gaumen freut, wenn es einen guten Schluck zu trinken oder etwas Schönes zu sehen gibt.

Monforte d'Alba, inmitten
der Weinberge in den Langhe
gelegen, ist nur eines von
vielen zauberhaften kleinen
Städtchen, die es im Piemont
zu entdecken gibt (→ S. 44).

Es ist früher Abend. Sie fahren auf einer Straße hügelauf, hügelab. Unzählige Weinstöcke. Aus den Tälern steigt langsam der Nebel wie ein hauchzarter Schleier aus Tüll. In der Ferne die Umrisse eines kleinen Dorfes, überragt von einer Kirche, den Zinnen eines Kastells. Sie lassen sich anlocken. Gehen in ein Lokal. Bestellen eine Portion goldgelbe Pasta mit einem Hauch von Trüffeln, dazu ein Glas rubinroten Barolowein – willkommen im Piemont.

Sie sind im Land des Weins, der Trüffeln, der Schlösser, im Land des Schriftstellers Cesare Pavese, der seine Heimatregion mit diesen Worten beschrieb: »Guardare questo paesaggio si scopre sempre qualcosa, un albero insolito, un giro di sentieri, un colore mai visto ...« (»In dieser Landschaft entdeckt man immer wieder etwas Neues: einen ungewöhnlichen Baum, einen Wegverlauf, eine noch nie zuvor gesehene Farbe ...«).

Land am Fuße der Berge

Piemont grenzt im Norden an die Schweiz, im Westen an Frankreich, im Süden an Ligurien und im Osten an die Lombardei. Die westlichste Region Italiens ist mit einer Fläche von 25 400 Quadratkilometern gleichzeitig die größte Region auf dem Festland.

Das »Land am Fuße der Berge« trägt seinen Namen zu Recht: Piemont verfügt über Alpenzüge in einer Länge von über 550 Kilometern, darunter so berühmte Gebirge wie **Monte Rosa**, zweithöchster Berg Europas, **Gran Paradiso**, **Argentera**. In allen Alpengebieten ist Wintersport und Trekking möglich. In den Dörfern dazwischen werden jahrhundertealte Traditionen liebevoll gehegt und gepflegt. Ausdruck der tief verwurzelten religiösen Prägung Piemonts sind die **sacri monti**, die »Heiligen Berge« – unter Förderung des Mailänder Erzbischofs Carlo Borromeo nach dem Konzil von Trient (1564) als Bastionen gegenreformatorischen Geistes errichtete Wallfahrtsstätten.

Ebenso wichtig wie die Berge ist das Hügelland, das über 35 Prozent der Region bestimmt, vor allem die rauen **Langhe** und das liebliche **Monferrato**. Ehemals arme Gegenden, denen erstklassige Qualitätsweine, Trüffeln und Haselnüsse zu Reichtum verholfen haben. Eine Landschaft gespickt mit stolzen Schlössern, einladenden Bauernhöfen, verführerischen Weingütern.

Piemont ist die beste Weinregion – und die beste Weinkaufregion Italiens. Auf ca. 60 000 Hektar Rebfläche werden über vier Millionen Hektoliter Wein erzeugt. Die roten Barolo- und Barbarescoweine, die Weißweine Gavi, Arneis, Furmentin haben Spitzenklasse, der Moscato d'Asti ist weltberühmt.

Der wichtigste Fluss des Piemont ist der **Po**, der am **Monviso** in 2020 Metern Höhe entspringt; der **Lago d'Orta** und der **Lago Maggiore**, dessen Westufer an Piemont angrenzt, sind die großen Voralpenseen der Region. Die Ufer sind gesäumt von Orten, deren Namen wie Musik in den

Ohren klingen: **Pallanza, Arona, Stresa.** Dazu die Inseln im »Spiegel von Verbania«, wie der Lago Maggiore auch liebevoll genannt

Der »Spiegel von Verbania«

wird: die **Isola Bella,** die die Familie Borromeo in ein barockes Juwel verwandelte, die **Isola Madre** mit ihren botanischen Schätzen, die kleine Insel **San Giovanni,** auf der Stardirigent Arturo Toscanini neue Inspiration fand, und die pittoreske **Isola dei Pescatori** mit ihren verwinkelten Gassen.

In der Landschaft um **Vercelli** bestimmen die sich kilometerlang aneinander reihenden Reisfelder das typische Bild der Landschaft. Eine stille Gegend, die vor allem im Herbst geradezu unwirklich erscheint. Im Frühjahr jedoch, wenn die Reisfelder mit Wasser überschwemmt werden, wenn die Ebene still liegt wie ein See und das einzige Geräusch das Quaken der Frösche ist, dann versprühen sie einen ganz besonderen Zauber.

Eleganz und Stil

Piemont hat Stil, strahlt etwas Vornehmes aus: Vornehm sind die Herrscherdynastien von den Savoyern bis zu den Agnellis, vornehm ist der Charakter der Piemontesen, verschlossen, diskret, zurückhaltend. Vornehm ist die Küche mit König Trüffel, und vornehm sind die Reiseziele: die stolze Hauptstadt Turin und elegante, traditionsreiche Orte mit ruhmvoller Vergangenheit. So wäre das italienische Risorgimento, die Entstehung eines italienischen Na-

tionalstaates, ohne die bedeutende Rolle Piemonts kaum möglich gewesen. Die Vergangenheit ist noch überall lebendig, in den malerischen kleinen Orten und Städten mit mittelalterlichem Stadtbild wie **Alba, Asti, Cuneo** oder **Alessandria,** versteckt in der Hügellandschaft des **Monferrato,** umgeben von Weinreben. Keinem Örtchen fehlen die typischen Eigenschaften, die einen Besuch interessant machen: stolze Plätze, Arkaden, Monumente, Handwerksläden, kulturelle Veranstaltungen, gemütliche Osterie, reich bestückte Önotheken, Konditoreien, aus denen es verführerisch duftet – und über allem wacht die unaufdringliche Gastfreundschaft der Piemontesen.

❗ MERIAN-Lesetipp

Nervenkitzel im Piemont: Auf einen Turiner Priester wird ein Attentat verübt. Kommissar Santamaria macht sich auf die Jagd nach dem Täter und den Hintermännern. **Wie weit ist die Nacht,** ein spannender Krimi, geschrieben von dem berühmten Autorenduo Carlo Fruttero & Franco Lucentini. Piper Verlag, 1998.
Mehr Genuss, als Lesegenuss: Wer im Piemont auf den Slow-Food-Geschmack gekommen ist, könnte sich von Slow Food Editore Schmöker wie **Osterie d'Italia – Italiens schönste Gasthäuser** auf der Zunge zergehen lassen und dann das »Erlesene« in die Tat umsetzen. Hallwag, 2002.

Turin, die Hauptstadt, ist eine Stadt mit wunderschönen Barockpalästen und Plätzen und den

Die königliche Stadt

elegantesten Cafés Italiens. Man spürt ihn dort noch, den Geist der Savoyer und des Risorgimento, die Turin groß gemacht haben. Eine Stadt, von der Nietzsche behauptete, sie sei die einzige große Stadt, die ihm gefalle. Und eine Stadt, von der Casanova befand, man könne nirgendwo so gut essen. Die kulinarische piemontesische Tradition wusste eben schon immer, wie sich selbst der verwöhnteste Gaumen verführen lässt. Seit jeher ist Turin eine Stadt der Genießer. Bereits Mitte des 19. Jahrhunderts, als die heutige Metropole gerade mal 120 000 Einwohner zählte, gab es rund 100 Kaffeehäuser, wo man den **bicerin** trank und die unvergleichliche **gianduja**-Nougatcreme schleckte. Ja, sogar das Obst aus Piemont hat etwas Besonderes: In gewisse Pralinen kommt eben nur die Piemont-Kirsche ...

Turin ist eine moderne, dynamische Stadt. Hauptstadt der architektonischen Formengebung

Die moderne Stadt

und des Industriedesigns. Den Anfang machten Guarini und Antonelli mit architektonischen Glanzleistungen wie der Kuppel des Turiner Doms und der Mole Antonelliana. Im 20. Jahrhundert prägten Pierluigi Nervi, Giorgio Giugiaro und Carlo Mollino das Stadtbild.

Piemont hat die größte Dichte an Autos (im Schnitt kommt auf jeden dritten Einwohner ein Fahrzeug), das am besten ausgebaute Straßennetz Italiens, steht als Industrieriese an zweiter, in der Produktion der elektrischen Energie an dritter Stelle. Diesen – der Natur nicht gerade förderlichen – Daten stehen 560 000 Hektar Waldfläche, mehrere Naturschutzparks und Landschafts-

Industrie und Naturschutz

schutzgebiete mit einer reichen Flora und Fauna und die **colline piemontese**, die charakteristische Hügellandschaft Piemonts, entgegen. Stattliche zwölf Prozent der Region stehen unter Naturschutz. Der König der Naturparks ist der Nationalpark **Gran Paradiso**, in dem Hirsche, Steinböcke und Gemsen zu Hause sind.

Machen Sie sich auf Entdeckungsreise und staunen Sie über die großen und kleinen Geheimnisse einer der schönsten Regionen Italiens, die zu Unrecht (oder glücklicherweise) noch ziemlich unbekannt ist. Das könnte sich in naher Zukunft allerdings ändern, denn Piemont – schon jetzt ein Traumziel für Wintersportler – bereitet sich mit Feuereifer auf die **Olympischen Winterspiele 2006** vor. Vor allem die Bettenkapazitäten will man erhöhen, rund 5200 Hotelzimmer in 88 neuen Hotelprojekten sollen entstehen. Segen oder Fluch? Eines jedenfalls ist gewiss: Wer als Olympia-Fan anreist, wird als Piemont-Liebhaber wieder nach Hause fahren.

Oben: Hier hat man die Qual der Wahl. Sieben mit dem Qualitätssiegel DOP ausgezeichnete Käsesorten kann man sich im Piemont schmecken lassen (→ MERIAN-Tipp S. 16).

Mitte: Das milde Klima am Lago Maggiore lässt Palmen und subtropische Gewächse gedeihen (→ S. 80).

Unten: Turin ist eine Stadt der Genießer. Im Caffè Torino sitzt man draußen wie drinnen stilvoll auf bequemen Polsterstühlen (→ MERIAN-Tipp S. 27).

Luxushotel oder Ferien auf dem Bauernhof – das ist eine Frage des Geldbeutels. Rund um den Lago Maggiore muss man schon mit ein paar Euro mehr rechnen.

Eine Übernachtung im »Grand Hotel des Iles Borromees« in Stresa (→ S. 85) bedeutet Luxus pur.

Rund um den Lago Maggiore liegen die Übernachtungspreise vor allem zur Hauptsaison deutlich höher als in anderen Teilen der Region. Vor allem in den kleineren Orten im Piemont finden preisbewusste Urlauber günstige und spannende Alternativen. Die meisten Hotels befinden sich am zentralen Marktplatz, das bedeutet: aufstehen, rausgehen und mitten im Leben sein…

Urlaub auf dem Lande

Wer es eher ländlich mag, sollte es einmal mit **Agriturismo** versuchen. **Bauernhöfe**, teilweise feudal ausgebaut, teilweise in wunderbarer Panoramalage, bieten Zimmer an, meist mit Verpflegung und organisierten Ausflügen per Pferd oder Mountainbike. Eine preisgünstige Art, Urlaub zu machen. Zimmer werden schon ab 15 € pro Person vermietet.

Eine **Ferienwohnung** bedeutet meist Urlaub fast wie zu Hause. Wen es nicht stört, auch im Urlaub Küchendienst zu übernehmen und zum Putzeimer zu greifen, der kann sich in einer Ferienwohnung oder einem etwas teureren Apartmenthaus einmieten.

Frühzeitige **Reservierung** empfiehlt sich zur Urlaubszeit in den Orten am Lago Maggiore. Turin ist zur internationalen Automobilshow gut besucht. Bei einem zusätzlichen Bett in einem Doppelzimmer erhöht sich der Zimmerpreis in der Regel um 30 Prozent, bei zwei zusätzlichen Betten um höchstens 60 Prozent.

Ein Wochenende in Turin

Unter dem Motto »**Weekend Torino**« wird Wochenendgästen in Turin ein preisreduziertes Gesamtpaket für mehrere Übernachtungen inklusive Stadtrundfahrten angeboten. Erkundigen Sie sich nach diesem günstigen Angebot, es lohnt sich.

Das traditionelle italienische Frühstück (**prima colazione**) fällt im Vergleich zu unserem relativ mager aus: Man trinkt einen **caffè** (Espresso) oder einen **caffè latte** bzw. einen Cappuccino, und dazu isst man ein Croissant bzw. ein Brioche oder eine Handvoll trockener **biscotti** (Kekse). Und das Ganze am liebsten in einer Bar in der Nähe, bewaffnet mit der Morgenzeitung.

Vor allem die größeren Hotels haben sich jedoch mittlerweile den ausgiebigen Frühstückswünschen der Nicht-Italiener angepasst und bieten Continental-Frühstück oder ein opulentes Buffet. Trotzdem: Weitaus unterhaltsamer ist natürlich das Frühstück »à l'italiana« in der Bar um die Ecke.

Agriturismo
Agriturist   ■ c 4
Corso Vittorio Emanuele II 58, 10121 Turin; Tel. 01 15 62 32 97, Fax 01 15 63 53 37

Camping   ■ d 3
Galleria Subalpina 30, 10123 Turin; Tel. 01 15 17 53 21, Fax 01 15 61 31 18

Jugendherberge   ■ e 6
Via Alby 1, 10123 Turin; Tel. 01 16 60 29 39

Hotelbuchung im Piemont
EASY NITE   ■ b 5
Via Sacchi 22, 10128 Turin; Tel. 0 11 54 39 53, Fax 0 11 54 29 40; E-Mail: easynite@nevib.it (neben Hotelvermittlung auch Ticketreservierung), Internet: www.easynite.it

Hotels und andere Unterkünfte sind bei den einzelnen Orten im Kapitel »Sehenswerte Orte« beschrieben.

♿ Diese Unterkünfte haben behindertengerechte Zimmer.
🐕 In diesen Unterkünften sind Hunde erlaubt.

Alle in diesem Buch empfohlenen Unterkünfte auf einen Blick

Komforthotels für höhere Ansprüche

Hotels mit Flair/in besonderer Lage

Stadthotels

Mittelklassehotels

Einfache Hotels/Pensionen

Agriturismo

Preisklassen

Die Preise gelten für ein Doppelzimmer ohne Frühstück.
★★★★ ab 250 €
★★★ ab 130 €
★★ ab 90 €
★ bis 90 €

Sie lieben's deftig, die Norditaliener, ziehen riso (Reis) der pasta (Nudeln) vor, locken mit edlen Weinen und verführen mit unverschämt guten Süßspeisen.

Genießen mit Stil heißt die Devise in Turin, und das geht ganz hervorragend im Caffè Torino (→ MERIAN-Tipp S. 27).

Es geht nichts über einen Teller Pasta oder Carpaccio mit gehobelten Trüffeln oder einfach nur eine **insalata di tartufi**, Pilz- und Trüffelscheiben mit Zitrone. Doch der Leckerbissen hat seinen Preis: Um die Knolle kiloweise einzukaufen, müssen die Gastwirte schon einige tausend Euro hinlegen.

Abgesehen von dieser feinen Beigabe der piemontesischen Küche ist die norditalienische ur-

Piemonteser Schlemmereien

sprünglich eine Arme-Leute-Küche, eng verbunden mit der Erde und ihren Früchten. Man nehme also die reichlichen Zutaten von Mutter Natur, kombiniere sie mit der Kreativität der einheimischen Köche, und schon entstehen einfache, aber unglaublich schmackhafte Gerichte.

Allen voran das piemontesische Nationalgericht **bagna cauda**, eine heiße Sauce, die hauptsächlich aus Anchovis, Knoblauch und Öl besteht, in die frisches Gemüse getunkt wird. Weiter geht es dann mit einem Teller **agnolotti** oder **tajarin**, beides piemontesische Pastavariationen mit einer deftigen Sauce, oder einer **panissa**, einem kräftigen Risottoeintopf mit dicken Bohnen und Salami. Es folgt das Hauptgericht: **brasato al Barolo**, ein stundenlang in hochwertigen Weinen gekochtes Selchfleisch; **fritto misto**, paniertes Fleisch, Innereien, Gemüse; **gran buji**, unterschiedliche Fleischsorten, die mit pikanten Saucen gereicht werden; Gerichte aus eingelegtem Wildschwein oder, etwas weniger deftig, Süßwasserfische aus den Seen. Und begleitet wird jedes Essen von einer original piemontesischen Entdeckung, den dünnen Weißbrotstangen **grissini**. Sie wurden Ende des 17. Jahrhunderts für

①MERIAN-Tipp

Ausgezeichnetes Piemont besitzt sieben Käsesorten (von den 30 in Italien), die mit dem Qualitätszeichen DOP ausgezeichnet sind und im Piemont hergestellt werden. Wer qualitativ guten Käse zu schätzen weiß, sollte bei diesen Namen zugreifen: Bra, Castelmagno, Gorgonzola, Murazzano, Raschera, Robiola di Roccaverano, Toma. Das Super-Qualitätssiegel DOCG dürfen sieben Weine der Region tragen: Asti, Barbaresco, Barolo, Brachetto d'Acqui, Gattinara, Gavi, Ghemme.

den empfindlichen Magen des Vittorio Amadeo II erfunden.

Piemont ist auch die Geburtsstätte der so genannten Slow-Food-Bewegung, eine »internationale Be-

Slow Food

wegung zur Wahrung des Rechts auf Genuss«. Die Organisation mit Hauptsitz in Bra hat es sich zum Ziel gesetzt, die kulinarische Kultur vor Fastfood zu bewahren, und betrachtet die italienische Gastronomie als nationales Gut, das geschützt werden muss. Slow Food veröffentlicht Restaurant- und Weinführer.

Weine aus dem Piemont

Eine wichtige Rolle bei einem piemontesischen Mahl spielt der Wein; nicht umsonst sind 60 000 Hektar Piemonts mit Weinbergen bedeckt. Vor allem die Rotweine haben Klasse: die **Nebbioli** (wie Barolo, Barbaresco, Nebbiolo) und

Barbera (Barbera d'Asti, d'Alba, del Monferrato).

Und dann kommt selbstverständlich noch der Nachtisch: **panna cotta**, ein Sahnepudding mit karamellisiertem Zucker, eine Nusstorte oder **sambajon**, die Zabaione aus Turin.

Dolci zum Nachtisch

Zum **caffè** noch etwas Süßes? Schließlich rühmt sich Turin, der Ursprung der italienischen Confiserie-Kunst zu sein. Besonders berühmt sind neben den kleinen gefüllten Pralinen die **gianduja**, kleine Brötchen aus Kakao und Haselnüssen. Dann wäre da noch die Trüffeltorte für die Schleckermäuler, ausgesprochen köstlich sind auch die im Ofen gebackenen Pfirsiche. Zu den kleinen **galuperie**, Leckereien, gehören Pralinen, Kekse, **torrone, marrons glacés, amaretti** und Bonbons, die sich antiker Ursprünge und jahrhundertealter Rezepte rühmen können. In vielen Süßspeisen werden die piemontesischen Haselnüsse verarbeitet, eines der bekanntesten Erzeugnisse der Region. Nun folgt noch der Verdauungsspaziergang oder ein Nickerchen – und am nächsten Tag (vielleicht auch erst zu Hause) Diät.

Restaurants sind bei den einzelnen Orten im Kapitel »Sehenswerte Orte« beschrieben.

Preisklassen

Die Preise beziehen sich jeweils auf ein Menü für eine Person ohne Getränke, Steuern und Trinkgeld.
★★★★ ab 50 €
★★★ ab 35 €
★★ ab 22 €
★ bis 22 €

Wer solch einen Fund macht, darf sich glücklich schätzen – der Trüffel ist die exklusivste aller Beigaben in der piemontesischen Küche.

ESSDOLMETSCHER

Wichtige Redewendungen
im Restaurant → S. 109

A
abbacchio: Lamm
acciughe: Sardellen
aceto: Essig
aglio: Knoblauch
agnello: Lamm
agnolini: gefüllte Teigtaschen
amaro: Magenbitter
anatra: Ente
aragosta: Languste
aranciata: Orangenlimonade
arrosto: gebraten, Braten
arrosto di vitello al latte: mit Speck
  gespicktes Kalbsgericht

B
bagna cauda: Sauce aus Butter,
  Knoblauch, Öl, Gewürzen
bagosso: Käse aus Kuhmilch
baié: bunte Platte mit gegartem
  Fleisch
bigoli: dunkle Nudeln aus Vollkorn-
  mehl
biscotto: Keks
bistecca: Beefsteak, Schnitzel
bistecca milanese: Wiener Schnitzel
bocconcini: Gulasch
bollito: gekochtes Fleisch
bonet: Piemonteser Schokoladenflan
bracciola: Kotelett, Rippenstück
brasato: gespickter Rinderbraten
bressaola: luftgetrocknetes Rind-
  oder Gemsenfleisch
brodo: Bouillon
bruschetta: mit Öl und Knoblauch
  geröstetes Brot
burro: Butter
busecca: Kuttelsuppe mit Suppen-
  grün oder Bohnen

C
cannelloni: Teigröllchen aus dem
  Ofen
capperi: Kapern
caprese: Mozzarella und Tomaten
capretto al barolo: Ziegenfleisch in
  Barolowein
carciofi: Artischocken

carne: Fleisch
cassola: Eintopf mit Wirsing
ceci: Kichererbsen
cervello: Hirn
cinghiale: Wildschwein
cipolle ripiene di magro: pikant
  gefüllte Zwiebeln
coniglio: Kaninchen
crostata: Obsttorte

D/E
dolce: süß, Süßspeise
erbe: Kräuter

F
fagiolini: grüne Bohnen
fegato: Leber
focaccia: Brot mit Olivenöl, belegt
  mit Tomaten, Zwiebeln
formaggio: Käse
forno (al): im Ofen gebacken
fragola: Erdbeere
frittata: Omelett
fritto: gebacken, frittiert
fritto misto: gebackene Fische
frutta: Obst
frutta di mare: Meeresfrüchte
funghi porcini: Steinpilze
fusilli: kleine Schraubennudeln

G
gambero: Krebs
ghiaccio: Eiswürfel
gnocchi: kleine Nockerl aus
  Kartoffelteig oder Grieß

I
insalata di tartufi: dünne Pilz- und
  Trüffelscheiben mit Zitrone
insalata mista: gemischter Salat
involtini: kleine Rouladen

L
latte: Milch
lattuga: Kopfsalat
linguine: schmale Nudeln
lombata: Lendensteak

M
magiarin: Gebäck aus dem
  Bognanco-Tal

maiale: Schwein
mandorla: Mandel
manzo: Rindfleisch
mela: Apfel
melanzane: Auberginen
miele: Honig
minestra: Suppe
minestrone: Gemüsesuppe

N
nasello: Seehecht
noce: Nuss

O
orecchiette: Öhrchennudeln
ossobuco: Kalbshaxe mit Gemüse

P
paglia e fieno: Heu und Stroh, grüne und weiße Bandnudeln
pane: Brot
pancetta: Speck
panino: Brötchen
panissa: typisches Reisgericht
panna: Sahne
papardelle: lange, breite Nudeln
parmigiano: Parmesankäse
patate: Kartoffeln
pesce: Fisch
pesce spada: Schwertfisch
pesto alla genovese: Basilikumsauce
piatto del giorno: Tagesgericht
piselli: Erbsen
polenta: Maisbrei
pollo: Hähnchen
porchetta: Spanferkel
porcini: Steinpilze
prosciutto: Schinken

R
ragù: Ragout, Fleischsauce
risi e bisi: Reis mit Erbsen in Hühnerbouillon gekocht
riso: Reis

S
sale: Salz
salmone: Lachs
salsa finanziera: Sauce mit Trüffel-essenz
salsicca: würzige Schweinswurst

saltimbocca: Kalbsmedaillons mit Salbei
scaloppine: Schnitzelchen
seppie: Tintenfische
sfogliatelle: gefülltes Gebäck
spezzatino: Gulasch
spiedo, spiedino: Spieß
spinaci: Spinat
spremuta: frisch gepresster Saft
stinchett: Kalbsfuß
stoccafisso: Stockfisch
stracchino: cremiger, weicher Käse
stufato: Rinderschmorbraten mit Kräutern

T
tacchino: Truthahn
tajarin: Bandnudeln mit Trüffeln
tapulone: Schmorgericht mit mehreren Fleischsorten
tartufo: Trüffeln, Trüffeleis
tè al limone: Tee mit Zitrone
tè con latte: Tee mit Milch
timballo: Nudelauflauf
tonnato: Kalbfleisch in Tunfisch-sauce
tonno: Tunfisch
torta gianduja: Piemonteser Schokoladenkuchen
tramezzino: Sandwich
trifolato: getrüffelt
trippa alla romana: Kutteln
tròta: Forelle

U
uovo: Ei
uovo stapazzato: Rührei
uva: Trauben

V
verdura: Gemüse
vino bianco: Weißwein
vino di casa: Hauswein
vino rosso: Rotwein
viulin: mit Gewürzen konservierte Ziegenkeule

Z
zabaione: Dessert aus Eigelb, Zucker, Marsalawein
zucca: Kürbis

Von idyllischen Städtchen, umgeben von trutzigen Mauern oder sanften Weinbergen, bis zur quirligen Metropole Turin – das Piemont hält für jeden Geschmack das Passende bereit.

»Verdum« bedeutet »blühender Hügel«. Der keltische Ursprung des Städtchens Verduno zeigt sich in seinem Namen (→ S. 45).

Turin ist eine elegante Stadt.
Rechtwinklig zueinander verlaufende Straßenzüge, eine großzügige Anlage – überall Spuren der savoyischen Vergangenheit.

Turin
■ E 7–8, S. 113

945 500 Einwohner
Stadtplan → Klappe hinten

An diesem Loblied hat sich nichts geändert: »Ein wahrer Glücksfall für mich, dies Turin. Nein, was für ernste und feierliche Plätze, die schönsten Cafés, die ich je sah …« Wer hier in den höchsten Tönen von einer der größten Metropolen Italiens schwärmt, ist kein Geringerer als Friedrich Nietzsche.

Seit dem 11. Jh. war das antike Taurasia in der Hand der Savoyer, 1562 wurde es Sitz des Hofes, 1645 ließ Carlo Emanuele die Stadt im Barockstil erneuern und erweitern. 1720 war Turin die Hauptstadt des Königreiches Sardinien-Piemont, wurde nach den napoleonischen Kriegen Mittelpunkt der Einigungsbestrebungen Italiens und war bis 1865 Hauptstadt des Königreichs Italien.

Trotz seiner glorreichen Vergangenheit litt Turin seit jeher an einem Minderwertigkeitskomplex gegenüber dem nahen Mailand. Ein Komplex, der allerdings vergessen ist, wenn es ums Auto geht. Alle zwei Jahre, zur internationalen Autoshow **Salone dell'Automobile**, steht Turin im Rampenlicht.

Turin bedeutet Fiat, Fiat bedeutet für Turin Arbeitsplätze und Tausende von Arbeitern, die aus dem Süden Italiens einwanderten und für soziale Spannungen sorgten. Spannungen, die sich vor allem entladen, wenn der traditionsreiche Fußballklub Juventus Turin auf einen Gegner aus dem Mezzogiorno trifft.

Im November steht Turin ganz im Zeichen des Films. Das Turiner Filmfestival ist jungen Künstlern und dem zeitgenössischen Film gewidmet. Informationen im Internet unter www.torinofilmfest.org.

Hotels/andere Unterkünfte

Des Artistes ■ d 3
Gemütliche, zentral gelegene Unterkunft im Herzen der Stadt.
Via Principe Amedeo 21; Tel. 01 18 12 44 16, Fax 01 18 12 44 66; 22 Zimmer ★★
AmEx DINERS MASTER VISA

Gran Mogol ⛄ ■ c 4
Gemütlicher, zentral gelegener Familienbetrieb.
Via Guarini 2; Tel. 01 15 61 21 20, Fax 01 15 62 31 60; 45 Zimmer; im Aug. geschl. ★★ AmEx DINERS MASTER VISA 🐾

Turin Palace Hotel ■ b 4
Traditionsreiche Palastherberge mitten in der Stadt; 1872 wurde die schöne Villa in das Hotel von heute verwandelt. Gleich in der Nähe des Bahnhofes Porta Nuova.
Via Sacchi 8; Tel. 01 15 62 55 11, Fax 01 15 61 21 87; 125 Zimmer ★★★
AmEx DINERS MASTER VISA ♿

Villa Sassi M M nordöstlich ■ f 3
Eine wunderschöne alte Villa aus dem 17. Jh. mit großem Park, antiken Möbeln, Marmorfußböden, einzigartigem Restaurant. Frühzeitige Reservierung notwendig.
Strada al Traforo del Pino 47; Tel. 01 18 98 05 56, Fax 01 18 98 00 95; 17 Zimmer ★★★★ AmEx DINERS VISA

Spaziergang

Den allerersten Eindruck von Turin sollten Sie sich von oben holen. Dazu fahren Sie nach **Sassi**, einem Turiner Vorort. Von dort startet eine Zahnradbahn, die Sie nach **Superga** bringt. Von der Kuppel der Basilika Superga hat man einen schönen Blick auf die Stadt und die Alpen.

Den zweiten Eindruck bekommen Sie bei einem **bicerin** (Kaffee, Schokolade, Sahne) auf der **Piazza San Carlo**. Wenn Sie sich dann die Kunstwerke angesehen und einen Einkaufsbummel in der **Via Roma** gemacht haben, begeben Sie sich auf einen Spaziergang ins Grüne: Sie starten an der **Piazza Castello** und gehen die **Via Po** entlang. Auf der linken Seite können Sie die Mole di Alessandro Antonelli sehen, seinerzeit mit über 167 m das höchste Gebäude der Welt. Weiter geht es dann die Via Po entlang zur **Piazza Veneto**, dem größten Platz Turins. Dann über die Brücke **Ponte Vittorio Emanuele I**.

Nach der Kirche Gran Madre di Dio geht es bergauf, ein zehnminütiger Aufstieg auf den **Monte dei Cappuccini** bringt Sie zum Museo Nazionale della Montagna. Wenn Sie nun den Po auf der Ponte Umberto I wieder überqueren, kommen Sie zum **Parco del Valentino** (55 ha). Im Zentrum des Parks steht das Castello del Valentino, eine Renaissancevilla mit dem Charakter eines französischen Lustschlosses. In diesem Schloss wurden einst die rauschendsten Feste ganz Piemonts gefeiert. Außerdem befindet sich im Park auf 20 000 qm ein Botanischer Garten mit Kräutersammlungen, Baumpflanzungen und einem Treibhaus.

Gegen Abend können Sie sich an den erleuchteten Brunnen erfreuen und anschließend im traditionsreichen **San Giorgio** (aus dem Jahre 1884) fürstlich speisen.

Sehenswertes

Basilica Maria Ausiliatrice ■ b 1
Die Basilika, die 1868 auf Wunsch von San Giovanni Bosco nach einem Projekt von A. Spezia erbaut wurde, zählt zu den schönsten Kirchen Turins. Sie enthält die sterblichen Überreste zweier Heiliger: San Giovanni und Domenico Savio.
Piazza Maria Ausiliatrice 32

Duomo San Giovanni Battista ■ cd 2
Die kreuzförmige Renaissancekirche mit der Marmorfassade ist dem Schutzpatron der Stadt, San Giovanni, gewidmet. Sie wurde zwischen 1491 und 1498 nach Entwürfen von Meo del Caprino erbaut. Im Inneren befinden sich die Grabmäler der Savoyer, auf dem mittleren Portal das »Abendmahl« von Luigi Gagna, eine gelungene Kopie des Meisterwerkes von Leonardo da Vinci in Mailand.

Berühmt machte den Dom die so genannte Leichentuchkapelle, ein Werk von Guarino Guarini aus dem 17. Jh. Über dem Hochaltar von Antonio Bertola (1694) ist in einer sargartigen Urne das mutmaßliche Leichentuch Christi (die heilige »Sindone«) aufbewahrt. Das Grabtuch befindet sich seit 1578 in Turin. Der Öffentlichkeit ist nur eine originalgetreue Kopie zugänglich, das echte Tuch wird nur zu ganz besonderen Anlässen gezeigt, wie zum Heiligen Jahr 2000 (→ Museo Sacra Sindone, S. 28).
Piazza San Giovanni; Museo della Sindone; tgl. außer Di und an Feiertagen 9–12 und 15–18, im Sommer bis 20 Uhr; Eintritt 5 €

Gran Madre di Dio ■ e 4
Die Kirche im neoklassizistischen Stil, zwischen 1818 und 1831 errichtet, ist eine Nachahmung des römischen Pantheons. In der Krypta befindet sich das Beinhaus der Kriegsgefallenen des Ersten Weltkriegs.
Piazza Gran Madre di Dio

Lingotto   südlich ■ b 6
Hier befanden sich 1923 die ehemaligen Fiat-Werke, die 1983 stillgelegt wurden. Der so genannte Lingotto erstreckte sich über fünf Stockwerke plus einer Teststrecke auf dem Dach, 30 000 Arbeiter waren hier mit dem Autobau beschäftigt. Das Industriedenkmal wurde nun zu einem Kongress- und Kulturzentrum umgebaut.
Via Nizza 294

Mole Antonelliana   ■ d 3
Der 167 m hohe Turm ist das Wahrzeichen Turins. Ursprünglich war die Mole 1859 von Alessandro Antonelli als israelitischer Tempel geplant. Heute wird sie für Ausstellungen und Veranstaltungen genutzt. Von der Aussichtsplattform hat man einen wunderbaren Blick über die Dächer von Turin. Übrigens: Es gibt einen Aufzug!
Via Gaudenzio Ferrari; tgl. außer Mo 9–19 Uhr

Palazzo Carignano   ■ cd 3
1848 tagte in diesem Palast das erste subalpine und später italienische Parlament. Die geschwungene Form der Fassade und der beiden Haupttreppen machen den Backsteinpalazzo von Guarino Guarini (1680) zu einem der schönsten Barockgebäude des 17. Jh. in Italien. Heute ist hier das Nationalmuseum des italienischen Risorgimento untergebracht.
Piazza Carignano

Palazzo Madama   ■ cd 3
Etwa 2000 Jahre Geschichte in einem Gebäude vereint. Da wären der Kern des Palastes, die Porta Decmana, Reste eines römischen Stadttors, die Ruinen des mittelalterlichen Kastells von Marquis Guglielmo di Monferrato und schließlich der Palast selbst, dem Filippo Juvarra 1718 die wunderbare Westfassade und die monumentale Freitreppe im Piemonteser Barock verlieh. Zu den Sälen im Inneren, die zu den schönsten Kreationen des europäischen Barock zählen, führt eine Ehrentreppe. Heute ist in dem Palazzo das **Museo d'Arte Antica** (→ S. 26) untergebracht.
Piazza Castello

Palazzo Reale   ■ d 2
Der mächtige Gebäudekomplex auf der Piazza Castello entstand im 17. Jh. nach Entwürfen von Amadeo di Castellamonte, wurde aber von Hofarchitekten immer wieder verändert. Bis 1885 war der Palazzo Savoyer-Residenz. In den Gesellschaftszimmern kann man noch das originale Mobiliar bewundern. Ein wahres Meisterwerk ist die Scherentreppe von Juvarra, die vom ersten in den zweiten Stock führt. In der Hauptgalerie ist die Armeria Reale, die königliche Waffenkammer, untergebracht, im Erdgeschoss die Biblioteca Reale mit Zeichnungen u. a. von Raffael, Tiepolo und Rembrandt.
  Der Schlosspark, 1697 von Le Notre entworfen, wird teilweise noch von den alten Stadtmauern begrenzt.
Piazza Castello; tgl. außer Mo 9–19 Uhr; Eintritt 6,20 €

❶ MERIAN-Tipp

Luci d'Artista a Torino Von seiner zauberhaftesten Seite zeigt sich Turin jedes Jahr von November bis Januar. Statt üblicher Weihnachtsbeleuchtung illuminieren Lichtskulpturen die Stadt und verwandeln diese in ein Kunstwerk en plein air. Rund 30 Straßenkilometer werden von 18 Künstlern und ihren Lichtinstallationen »dekoriert«. Die Stadt selbst ist die Leinwand, bemalt mit viel Fantasie und Kreativität.

Oben: Julius Cäsar grüßt vor der Porta Palatina – dem römischen Stadttor des antiken Turin (→ S. 26).

Mitte: Hinter der eher nüchtern wirkenden Schlossfassade des Palazzo Reale verbergen sich königliche Prunkräume und eine architektonische Glanzleistung: die berühmte Scherentreppe von Juvarra.

Unten: »Die schönsten Cafés, die ich je sah...«, so schwärmte kein Geringerer als Friedrich Nietzsche von den Kaffeehäusern Turins.

Parco del Valentino 👫 ■ c 6–d 5
Der Valentino-Park am Po-Ufer ist die
grüne Lunge der Stadt und genau
das Richtige für ein Verschnaufpäus-
chen nach einem anstrengenden
Shoppingtrip. Er misst 550 000 qm
und wurde 1864 von Barillet-Des-
champ entworfen. Zum Park gehören
das **Castello del Valentino**, eine Art
französisches Lustschloss, der **Borgo
Medioevale**, die Kopie einer mittelalterlichen Kleinstadt, und der **Bota-
nische Garten** (→ S. 87).
Tgl. außer Mo 9–19 Uhr; Auskunft unter
Tel. 01 16 69 93 72

Piazza San Carlo ■ c 3
Der Salon Turins: Auf der von Bogengängen umsäumten Piazza trifft
man sich fast rund um die Uhr zum
Sehen und Gesehenwerden. Der
1640 angelegte Platz gilt mit Recht
als einer der schönsten Plätze Italiens und sollte die frühere Altstadt
mit der Neustadt verbinden.
   Die beiden Kirchen sind Santa
Christina und San Carlo geweiht. Das
bronzene Reiterstandbild (Caval
d'Brons) in der Mitte des Platzes
zeigt Herzog Emanuele Filiberto, wie
er nach der Schlacht von St. Quentin
(1557) sein Schwert in die Scheide
steckt.

Porta Palatina ■ c 2
Ein römisches Stadttor, das im
6./7. Jh. zum Herzogspalast ausgebaut wurde; die beiden Bronzestatu-
en vor dem Tor sind Kopien der antiken Statuen und stellen Julius Cäsar
und Augustus dar.
Piazza Cesare Augusto

San Lorenzo ■ c 2
Die 1660 von Guarino Guarini errichtete Kirche gilt als eines der bedeutendsten Barockgebäude des
Piemont, hat eine herrliche Kuppel
und im Inneren einen Chorraum
mit einem schönen Hochaltaraufbau.
Piazza Castello

Museen

Armeria Reale 👫 ■ d 2
In einem Flügel des Palazzo Reale ist
die Armeria, die Waffensammlung
der Savoyer, untergebracht. Zu sehen
sind kunstvoll geschmiedete Dolche
und Schwerter aus Renaissance und
Mittelalter. Die orientalischen Sammlungen umfassen Waffen aus der Tür-
kei, Japan und Indonesien.
Piazza Castello 191; Di, Do 14.30–19.30,
Mi, Fr–Sa 9–14 Uhr; Eintritt 5,20 €

**Galleria Civica d'Arte Moderna e
Contemporanea (GAM)** ■ a 4
Liebhaber der zeitgenössischen
Kunst sollten einen Besuch im GAM
einplanen. Hier sind 15 000 Gemälde,
Skulpturen, Fotografien und Zeich-
nungen u.a. von Chagall, Picasso,
Modigliani, Morandi zu sehen.
Via Magenta 31; www.samtorino.it; tgl.
außer Mo 9–19 Uhr; Eintritt 6,20 €

Galleria Sabauda ■ c 3
Die Sammlung der Galerie zeigt Ma-
lerei und Plastiken von der Gotik bis
ins 18. Jh., von der florentinischen
bis zur venezianischen Schule. Ein-
zigartig ist die Sammlung flämischer
und holländischer Maler, besonders
sehenswert auch die Sammlung Gua-
lino, die Möbel, Elfenbeinarbeiten
und Schmuck zeigt.
Via Accademia delle Scienze 6; tgl. außer
Mo 9–14, Do 10–19 Uhr; Eintritt 5,20 €

Museo d'Arte Antica ■ cd 3
Jahrelang war es wegen Restaurie-
rung geschlossen, jetzt endlich kann
man das städtische Museum für alte
Kunst im Palazzo Madama wieder besuchen. Zu sehen sind gotische und
romanische Skulpturen, eine Sammlung von Emailarbeiten sowie eine
der größten Keramik- und Porzellan-
sammlungen Europas.
Palazzo Madama, Piazza Castello; tgl.
außer Mo 9–14 Uhr; Eintritt 5,20 €

Museo del Cinema 🏃🏃 ■ d 3

Das Filmmuseum ist in drei Abteilungen unterteilt: Archäologie, Filmgeschichte, Filmproduktion. Die Sammlung über die Vorgeschichte des Films umfasst 6000 Ausstellungsstücke von optischen Kästen bis hin zu Daguerrotypen, außerdem 14 000 Plakate und 120 000 Werbematerialien. Zwischen Ende des 19. und Anfang des 20. Jh. galt Turin übrigens als die italienische Hauptstadt des Films.
Mole Antonelliana, Via Montebello 20; tgl. außer Mo 9–12 und 15–19 Uhr; Eintritt 4,20 €

Museo dell'Automobile »Carlo Biscaretti di Ruffia« 🏃🏃 südlich ■ c 6

Natürlich besitzt Turin auch ein Automobilmuseum. 160 Autos bekunden die Geschichte der Transportmittel vom 15. Jh. bis heute. Zu sehen sind das erste Benzinauto, der erste Fiat und (fast) alle großen italienischen Marken: Bugatti, Maserati, Lancia.
Corso Unità d'Italia 40; www.museoauto.org; tgl. außer Mo 10–18.30, So bis 20.30 Uhr; Eintritt 5,80 €

Museo Egizio ■ c 3

Das geheimnisvolle Reich der Pharaonen: Das Museo Egizio im Palazzo dell'Accademia besitzt nach dem Museum in Kairo die größte Sammlung ägyptischer Altertümer. Mehr als 30 000 Ausstellungsstücke erzählen über 5000 Jahre Geschichte rund um Kunst, Religion und Alltagsleben der Zeit der Pharaonen. In Turin ist auch die faszinierende Statue von Ramses II. zu besichtigen, eine Figur aus schwarzem Basaltstein mit perfekten Formen. Aufbewahrt werden außerdem Grabausstattungen des Alten Reichs, Dokumente aus den Papyrussälen und Wandmalereien der Tempel von Elesija.
Via Accademia delle Scienze 6; www.museoegizio.org; Di–Sa 9–19, So und an Feiertagen 9–14 Uhr, im Sommer verlängerte Öffnungszeiten; Eintritt 6,50 €

❗ MERIAN-Tipp

Caffè Torino Das schönste Kaffeehaus Turins mit Blick auf den schönsten Platz der Stadt. Das Torino, prunkvoll mit vergoldeten Ornamenten und Kaminen, Kronleuchtern und Kassettendecken, Marmor und Fresken, stammt aus dem Jahre 1903. Morgens gibt's den cremigsten Cappuccino, zum Aperitif die leckersten **stuzzichini**, kleine Appetithappen. Sogar draußen sitzt man stilvoll auf bequemen, opulenten Polsterstühlen. Piazza San Carlo 204; Tel. 0 11 54 51 18; tgl. 7.30–1 Uhr ■ c 3

Museo Martini ■ E 8, S. 113

Die Entstehung des berühmten Wermut wird hier erzählt.
Chieri (ca. 16 km östlich von Turin), Piazza L. Rossi; Di–Fr 14–17, Sa, So 10–13 und 14.30–17 Uhr, Mo sowie 27. Juli–22. Aug. geschl.; Eintritt frei

Museo Nazionale della Montagna »Duca degli Abruzzi« ■ e 5

Das Alpinismus-Museum besteht aus 23 Sälen mit einer ständigen Ausstellung. Vom zweiten Stock des Aussichtsturms hat man einen herrlichen Blick über die Stadt.
Monte dei Cappuccini; www.museomontagna.org; Sa–Mo 9–19, Di–Fr 8.30–19.15 Uhr; Eintritt 5,20 €

Museo Nazionale del Risorgimento Italiano ■ cd 3

Ausgestellt sind Dokumente zur Entstehungsgeschichte Italiens. Besonderheiten sind die Druckpresse der Verschwörer aus dem Jahre 1821 und die Kugel, die Garibaldi auf dem Aspromonte verletzte.

Via Accademia delle Scienze (im Palazzo Carignano); Di–Sa 9–18, So 9–12 Uhr, Mo geschl.; Eintritt 5,20 €

Museo Sacra Sindone ■ b 1–2
Das Museum, das zur Kirche Confraternita del Santissimo Sudario gehört, dokumentiert die Studien, die an dem weltberühmten Leichentuch durchgeführt wurden, das die Leiche Christi im Grab umhüllt haben soll. Seit 1578 befindet sich das 4,36 m lange, 1,10 m breite gewebte Leintuch mit Fischgrätmuster in Turin. Der Überlieferung zufolge zeigt es den Abdruck des Gekreuzigten mit Wunden und Verletzungen. Unter Wissenschaftlern ist das Tuch umstritten: 1988 fanden Experten heraus, dass die Spuren nicht weiter zurück als bis zum 12. Jh. datiert werden können. 1999 allerdings entdeckten Forscher Spuren jener Pflanze auf dem Tuch, aus der die Dornenkrone des Gekreuzigten bestand.
Via San Domenico 28; www.sindone.it; tgl. 8–12 und 15–19, Sommer 9–20 Uhr; Eintritt 5,20 €

Essen und Trinken

»Ich habe immer gedacht, dass man nirgends so gut isst wie in Turin«, dies sagte kein Geringerer als Giacomo Casanova – und dabei ist die venezianische Küche auch nicht zu verachten. Bis zum 18. Jh. war Turin in ganz Europa vor allem für seine Süßigkeiten berühmt. Auf dem Turiner Markt entstand die »Finanziera«: Bauern bestachen Zöllner (**finanziere**) mit Hühnerklein, um nicht den Torzoll bezahlen zu müssen. Die Zöllner kochten die Innereien mit Fleisch und Pilzen – und bald schon kam das Gericht auch am Hofe auf den Tisch.

Al Bicerin Ⓜ Ⓜ ■ c 2
Hier sollte man unbedingt die berühmte Turiner Spezialität **bicerin** kosten: ein traditionelles Kaffee-getränk mit Schokolade und Sahne. Die Bar eröffnete 1763.
Piazza della Consolata 5; Tel. 01 14 36 93 25; Mo geschl.

Cambio Ⓜ Ⓜ ■ c 3
Die berühmtesten Persönlichkeiten des Risorgimento verkehrten hier. Feinste Küche.
Piazza Carignano 2; Tel. 0 11 54 66 90, 0 11 54 37 60; So und 27. Juli–27. Aug. geschl. ★ ★ ★ AmEx DINERS VISA

Caffè Fiorio Ⓜ Ⓜ ■ d 3
Im Jahre 1839 hatte Turin gerade mal 120 000 Einwohner, aber schon 98 Kaffeehäuser. Bei einem Cappuccino und ein paar **giandujotti**, feinen Nougatpralinen, traf man sich schon damals im Caffè Fiorio, dessen Ausstattung noch original erhalten ist. Außerdem gibt's hier das beste Eis der Stadt!
Via Po 8; Tel. 01 18 17 32 25

Caffè Mulassano ■ d 3
Etwas Ehrfurcht bitte: Hier wurden die **tramezzini** erfunden – die weichen Weißbrotdoppeldecker mit Füllung. Doch auch wegen seiner antiken Einrichtung ist das Lokal einen Besuch wert.
Piazza Castello 15; Tel. 0 11 54 79 90; Mo geschl. ★

Caffè Platti ■ b 4
Für stilvolles Cappuccino-Genießen. Ein weiteres historisches Kaffeehaus, das aussieht wie einem Stich aus dem 19. Jh. entsprungen.
Corso Vittorio Emanuele II 72; tgl. außer Mo vormittag 7.30–22 Uhr

Degustandum ■ b 1
Kleine, gemütliche Önothek, in der man ein Gläschen Wein, Antipasti und leckere kleine Speisen wie Crêpes oder Salate genießen kann.
Via Bligny 17; Tel. 01 14 36 66 78; So und zwei Wochen im Aug. geschl. AmEx DINERS MASTER VISA

Hongkong ■ c 5
Wer nach den vielen italienischen Schlemmereien mal wieder Lust auf chinesische Küche hat, sollte hier einkehren.
Via Goito 4; Tel. 01 16 69 93 32 ★★
AmEx DINERS MASTER VISA

Sotto la Mole ■ d 3
Neues In-Lokal bei der Mole Antonelliana. Die Küche ist piemontesisch-innovativ. Bei schönem Wetter sitzt man draußen.
Via Montebello 9; Tel. 01 18 17 93 98; Mi geschl. ★★ AmEx DINERS MASTER VISA

Tre Galli M ■ c 2
Treffpunkt der jungen Turiner, bis spät in die Nacht geöffnet, auch ein Weinhandel ist dabei.
Via Sant'Agostino 25b; Tel. 01 14 31 91 98; So geschl. ★★ AmEx DINERS MASTER VISA

Einkaufen

Die klassische Turiner Einkaufsstraße ist die Via Roma, das Herz der Altstadt. Unter ihren Arkaden haben sich die exklusiven Designer ihre Läden eingerichtet. Junge Mode finden Sie rund um die Via Garibaldi. Die Via Po und die Gegend um die Mole Antonelliana sind ebenfalls gute Adressen für Boutiquen, Buchhandlungen und Designershops.

Baratti & Milano M M ■ d 3
In dieser 1875 gegründeten Konditorei mit Café gilt es vor allem eine Frage zu klären: Soll man die köstlichen Torten und Pralinen einpacken lassen oder gleich vor Ort verspeisen?
Piazza Castello 27

Bimbi ■ c 4
Die Italiener lieben es, ihre Bambini niedlich anzuziehen. Bei Bimbi gibt's Kindermode.
Via Amendola 12

Ghigo ■ b 4
Herrliche Silber-, Porzellan- und Kristallarbeiten. Und alle großen Namen wie Venini, Alessi, Hermes.
Corso Re Umberto 11

Giordano ■ c 4
Turin ist berühmt für seine **giandujotti**-Pralinen. Giordano hat die besten!
Piazza Carlo Felice 69

Stratta M ■ c 3
Ein Süßigkeiten-, Bonbon- und Gebäckparadies. Die herrliche Konditorei sieht noch so aus wie anno 1836.
Piazza San Carlo

Vertice ■ c 4
Ob Gucci, Dolce e Gabbana, Romeo Gigli oder Zegna, hier bekommen Sie die italienischen Designerlabel.
Via Lagrange 35

---

❶ MERIAN-Tipp 🍴

Trödelmarkt Gran Balôn Hinter der Porta Palazzo beginnt das Reich der Turiner Trödler. Jeden zweiten Sonntag im Monat findet auf der Piazza della Repubblica und in den Seitengassen der Balôn-Markt statt, eine Art Trödelmarkt, wo man alte Möbel, gebrauchte Kleider, Spitzenarbeiten, Spielzeug und Schmuck erstehen kann. Die Preise sind Verhandlungssache. Wenn nicht gerade der Trödel regiert, wird hier Montag bis Freitag vormittags der Gemüse- und Obstmarkt abgehalten. Jeden Samstag findet normaler Flohmarktbetrieb statt. ■ c 1–2

Am Abend

Am Abend geht in Turin die Post ab, neben vielen Bars, Pubs und Diskotheken stehen auch Popkonzerte bekannter Popgrößen oder andere spannende Events auf dem Programm. Wer nichts versäumen möchte, wirft einen Blick auf die Internet-Seite www.torino.2night.it, bevor er sich ins Nachtleben stürzt.

Big Club
nördlich ■ d 1
Hier tanzen die Turiner ab. Vor allem am Wochenende knallvoll.
Corso Brescia 28; Mi–Sa 21–3 Uhr

Bowling Mirafiori 👫 südlich ■ a 6
Europas größtes Bowlingcenter. 48 Bahnen, dazu Tischtennis, Videogames, Karaokebar, Billard. Vor dem Eingang befindet sich ein geräumiger Parkplatz.
Corso Unione Sovietica 493; Tel. 0 11 34 14 84; Mo–Sa 15–2, So ab 10 Uhr

Hennessy
nordöstlich ■ f 3
Der Nachttreff im Sommer: Gerockt wird unter freiem Himmel.
Strada al Traforo del Pino 23; tgl. außer So 19–2 Uhr

🛈 MERIAN-Tipp

Turin 2006 Turin fiebert dem Jahr 2006 und der Winter-Olympiade entgegen. Auf der dazu gehörigen Homepage werden die Tage gezählt und es gibt einen Kalender, in dem die einzelnen Wettbewerbe und die Termine eingetragen sind. Wer bei dem Mega-Event live dabei sein möchte, sollte sich möglichst früh um Unterkunft und Tickets bemühen. Alle notwendigen Infos stehen unter www.torino2006.org.

Murazzi
■ e 5
Der Treffpunkt der jungen Turiner: In den Murazzi, den Lagerräumen entlang der Kaimauern, hat sich in den letzten Jahren eine rege Nightlifeszene mit Kneipen, Diskotheken und Nachtclubs entwickelt.
Zwischen Ponte Umberto I und Ponte Vittorio Emanuele I

Teatro Carignano
■ c 3
Im historischen Teatro Carignano stehen Aufführungen junger, moderner Theatergruppen auf dem Spielplan.
Piazza Carignano 6; Tel. 01 15 62 38 00

Teatro Regio
■ d 3
Das Teatro Regio bietet klassisches Programm, bis hin zur Oper.
Piazza Castello 215; Tel. 01 18 81 52 41; Internet: www.regio-torino.org

Service

Auskunft
APT ■ c 2–3
Piazza Castello 161; Tel. 0 11 53 51 81, Fax 0 11 53 00 70

Automobilclub
■ d 4
Via Giolitti 15; Tel. 01 15 77 91

Bahnhof
■ b 5–c 4
Piazza Carlo Felice; Bahnhofsvorhalle Porta Nuova; Tel. 0 11 53 13 27

Erste Hilfe, Krankenhaus
westlich ■ a 1
Corso Tassoni 46; Tel. 01 15 54 21

Post
■ c 3
Via Alfieri 10 und Via Arsenale 13/B

Stadtrundfahrt Turin
■ d 3
Der Touristibus startet an der Piazza Castello. Dauer: 2 Stunden, Rundfahrt: 9 €. Die Tickets können im Bus gelöst werden.

Ziele in der Umgebung

Abbazia di Vezzolano

■ F 8, S. 113

Die Abtei von Vezzolano soll der Legende nach auf Karl den Großen zurückgehen. Von der Kirche, die auf einem älteren benediktinischen Gebäude errichtet wurde, ist die ursprüngliche wertvolle Fassade erhalten, das Innere ist in drei Kirchenschiffe gegliedert, das dritte Schiff wurde in den Kreuzgang einverleibt. Sehenswert ist das Basisrelief mit Darstellungen aus dem Leben der Heiligen Jungfrau und Symbolen der Evangelisten, vermutlich aus dem Umkreis von Antelami (12. Jh.). Einen Blick wert ist auch der Kreuzgang mit Fresken aus dem 14. Jh.
Albugnana (über die SS 590 bis Colombaro, dann die SS 458 bis Besolo und Albugnana); tgl. 9–12 und 15–17 Uhr; Eintritt frei
Ca. 34 km östlich von Turin

Basilica di Superga

■ E 8, S. 113

Die Basilika liegt im Sassiviertel, ca. 10 km von Turin entfernt. Sassi bedeutet Stein und steht für die Steine, die vom Superga-Hügel abgetragen wurden, um Platz für die Basilika zu schaffen. Hinauf kommen Sie über die Straße oder mit der roten Zahnradbahn, die vom Bahnhof startet. Die barocke Basilika, ein Hauptwerk des Architekten Filippo Juvarra, wurde 1717 bis 1731 erbaut, um ein Gelübde einzulösen, das Herzog Vittorio Amadeo II vor der Schlacht von Turin abgelegt hatte. In der Kapelle ist die Holzstatue aufbewahrt, vor welcher der Herzog um Schutz für die Stadt bat. In der Krypta befinden sich die Gräber der Savoyerkönige. Hinter der Mauer der Basilika erinnert ein Grabstein an die Opfer des Flugzeugabsturzes am 4. Mai 1949. An Bord

waren die Fußballspieler des legendären Torino-Clubs auf ihrem Rückweg aus Lissabon.

Wer mit dem Auto unterwegs ist, kann der Panoramastraße bis zum Colle della Maddalene folgen. Von der höchsten Stelle hat man ein traumhaftes Panorama.
Colle della Superga; tgl. 8–12.30 und 14–19 Uhr, im Winter tgl. 15–17 Uhr; Eintritt frei

Biella

■ F 5, S. 113

48 300 Einwohner

Bis vor einem Jahrhundert wurde in allen Haushalten Piemonts gewebt und gesponnen. Die Industrie hat dieser Heimarbeit ein Ende gemacht. Eine Ausnahme ist jedoch das Städtchen Biella. Dort hat sich die Weberei zwar auch weiterentwickelt, dabei aber nichts von ihrer ursprünglichen Kreativität verloren.

Das antike Bugella besteht aus der Unterstadt **Biella Iano** mit dem Dom **Santa Maria Maggiore** (1402 bis 1750), einem schönen romanischen Campanile und der sehenswerten Kirche **San Sebastiano**. Die 50 m höher liegende Oberstadt **Biella Piazza** ist aber das eigentliche Schmuckstück. Eine Seilbahn bringt Sie in das mittelalterliche Zentrum dieses Städtchens auf den Hügeln. Sehenswert sind der Campanile der **Chiesa di San Giacomo** und das **Museo Civico**.

Die Berge um Biella sind mit einem weiten Netz von Fußwegen mit gemütlichen Hütten durchzogen.
Ca. 74 km nordöstlich von Turin

Sehenswertes

Città dell'Arte Fondazione Pistoletto
Michelangelo Pistoletto ist der bedeutendste Vorreiter der Arte Povera, einer der wichtigsten italienischen Kunstströmungen seit dem Zweiten Weltkrieg. In Biella hat sich der Piemonteser jetzt eine Kunstfab-

rik geschaffen: auf sechs Stockwerken Pistoletto-Kunst. Ein Muss für
jeden Liebhaber moderner Kunst.
Via Serralunga 27; Tel. 01 52 63 24;
Besuche nur nach Voranmeldung

Einkaufen

Cerutti M
Cerutti-Fabrikverkauf. Hier kann man
sich die Anzüge schon eher leisten.
Via Cernaia 30; Mo geschl.

Castello di Rivoli
■ D 8, S. 113

Moderne Kunst in altem Gemäuer:
Stolz erhebt sich das Schloss von Rivoli auf den Ruinen einer mittelalterlichen Burg, die Emanuele Filiberto in
eine Savoyerresidenz umbauen ließ.
Heute ist hinter den Schlossmauern
eines der größten und bedeutendsten Museen der zeitgenössischen
Kunst, das **Museo d'Arte Contemporanea Rivoli**, untergebracht. Im Restaurant kann man sich vor oder nach
dem Kunstgenuss stärken.
Rivoli, Piazza Mafalda di Savoia; Tel.
01 19 56 52 22; Di–Fr 10–17, Sa, So 10–19
Uhr, erster und dritter Do im Monat 10–22
Uhr
Ca. 13 km westlich von Turin

Castello di Venaria Reale
■ E 7, S. 113

Das Versailles des Piemont sollte es
werden, das Königsschloss von
Venaria Reale. Zwischen 1660 und
1663 wurde es im Auftrag von Carlo
Emanuele II errichtet und umfass-
te 45 000 qm. 1693 wurde das
Schloss durch die Truppen des französischen Feldherrn Catinat verwüstet, später von Michelangelo Garo-
ve, Filippo Juvarra und Benedetto
Alfieri noch prunkvoller wieder auf-
gebaut. Aus dieser Zeit stammt auch
die Kapelle Sant'Umberto mit den
von Sebastiano Conca bemalten

Holzaltären und Holzkreuzen, den
Statuen von Baratta und der Diana-
Galerie, ein 900 qm großer Pracht-
raum mit 44 Fenstern – ein barockes
Meisterwerk.
Tel. 01 14 59 36 75; Di, Do, Sa, So 9–11.30
und 14.30–18 Uhr; Eintritt 7 €
Ca. 10 km nordwestlich von Turin

Fenestrelle 👥
■ B 8, S. 112
2300 Einwohner

Das Tal des Chisone und das Ger-
manasca-Tal verbinden das Piemont
mit Frankreich. Sie sind von Bergket-
ten gesäumt, auf denen Reste von
Grenzanlagen erhalten geblieben
sind. Die großartigste der Festungen
ist die **Fortezza di Fenestrelle**. 3 km
lang, 700 m Höhenunterschied, rund
4000 überdachte Treppenstufen, die
die verschiedenen Forts miteinander
verbinden – dies sind die Eckdaten
der »Chinesischen Mauer« der Alpen.
Der »Treppentunnel« ist zu jeder Wit-
terung begehbar und verbindet die
drei Festen San Carlo, Tre Denti und
Delle Valli, in denen sich Pulverma-
gazine, Schanzen und Kanonenschar-
ten befanden. Ganz besonders eindrucksvoll wirkt die von den Römern
im 17. Jh. erbaute Finis terrae in der
Nacht bei festlicher Beleuchtung. Jedes Jahr am 19. Juli kämpfen in Ge-
denken an die Schlacht von Colle
dell'Assietta im Jahre 1747 zwei kos-
tümierte Heere mit antiken Waffen
gegeneinander. Im Sommer finden
Theateraufführungen und Konzerte
statt. Die Festung diente übrigens
als schaurig-schöne Kulisse für den
Film »Der Name der Rose« nach
der Romanvorlage von Umberto Eco.
Ca. 70 km westlich von Turin

Service

Auskunft
Progetto San Carlo, Comitato per il Procu-
pero Culturale e Storico della Fortezza;
Tel. 0 12 18 36 00, Fax 0 12 18 30 82

Oben: Die mächtige Burganlage von Fenestrelle, hoch über dem Tal des Chisone gelegen, ist nach der Chinesischen Mauer das größte Mauerwerk der Welt.

Mitte: Ein weiteres Meisterwerk des Architekten Filippo Juvarra: das Barockschloss in Stupinigi (→ S. 36).

Unten: Für den Besucheransturm zu den Olympischen Winterspielen 2006 rüstet sich Sestriere mit modernen Hotelbauten (→ S. 35).

Ivrea
■ F 6, S. 113

30 000 Einwohner

In dieser kleinen Stadt wurde die Erfolgsstory »Olivetti« geschrieben. Das weltbekannte piemontesische Unternehmen wurde 1908 gegründet, stellte als erstes in Italien Schreibmaschinen her und wandte sich dann ebenfalls als erstes Unternehmen in Italien der Informatik zu.

Ivrea gehört heute neben Turin und Novara zu dem so genannten Dreieck, wo ein Viertel aller in Italien bereitgestellten Mittel für die Forschung investiert wird, wo zwei Drittel aller in Italien eingesetzten Roboter in Betrieb sind.

Von der Zukunft in die Vergangenheit: Ivrea wurde 100 v. Chr. von den Römern als Eporedia gegründet, ein Abschnitt der Stadtmauer (westlich des Corso Botta) und das Amphitheater zeugen noch von dieser Zeit. Der Dom mit achteckiger Vierungskuppel und zwei romanischen Glockentürmen stammt eigentlich aus dem 11. Jh., wurde aber im 18. Jh. umgebaut. Beeindruckend ist das **Castello delle Quattro Torri**, das sich Amadeo VI. di Savoia, der so genannte Conte Verde, 1358 errichten ließ.

Auch das Vergnügen kommt in Ivrea vor allem zum Karneval nicht zu kurz; einer der Höhepunkte ist die in ganz Italien bekannte **Battaglia delle arance**, die Orangenschlacht (→ S. 102).
Ca. 60 km nordöstlich von Turin

Parco del Gran Bosco di Salbertrand
■ B 7–8, S. 112

Auf über 3000 ha unberührte Natur. In niedrigeren Lagen Laubwälder, oberhalb der Waldzone Latschen, Wacholder, Rhododendron. Dazwischen beheimatet der Naturpark Steinböcke und Rehe, Hermeline und Dachse, Uhu und Habicht. »Groß und schön und geheimnisvoll, wie die Hand Gottes« – so beschreibt eine Strophe in einem alten Volkslied des Gran Bosco den großen Wald.
Ca. 75 km westlich von Turin

Service

Auskunft
Via Monginevro 7;
Tel. und Fax 01 22 85 47 20

Parco Nazionale del Gran Paradiso 👫
■ C 5, S. 112–D 6, S. 113

Der Park war 1922 ein Geschenk von Vittorio Emanuele II. In diesem Jahr vermachte er 2100 ha seines persönlichen Jagdreviers dem italienischen Staat. In dem Park sollten ursprünglich vor allem die Steinböcke vor dem Aussterben geschützt werden. Zur Gründungszeit gab es davon gerade mal 100, heute ist die Zahl auf 6000 gestiegen. Inzwischen haben sich über 10 000 Murmeltiere, Gemsen, Hermeline, Füchse und viele andere Tierarten dazugesellt. Für die Besucher stehen in dem über 70 000 ha ausgedehnten Nationalpark ca. 470 km gut markierte Wege und elf Berghütten zur Verfügung. Informationen: Via della Rocca 47, 10123 Turin; Tel. 01 18 60 62 11, Fax 01 18 12 13 05; Internet: www.parks.it/parco.nazionale. gran.paradiso

Pinerolo
■ C 8, S. 112

35 200 Einwohner

Pinerolo besitzt einen hübschen historischen Stadtkern, kopfsteingepflasterte Straßen und war eine der wichtigsten Eingangspforten nach Frankreich. Seit dem 19. Jh. befindet sich hier die Reitschule »Scuola di Applicazione di Cavalleria«, an der die berühmtesten europäischen Reitlehrer unterrichten. Im September findet das Reitturnier »Pinerolo Città della Cavalleria« statt, ein internatio-

nales Treffen für Reitsportbegeisterte. Tierisch wird es auch im Januar, wenn das Fest des Schutzheiligen »Antonio abate« gefeiert wird: Auf dem Hauptplatz werden die Tiere gesegnet und die **carità** verteilt, ein mit Pfeffer, Salz und Safran gewürztes Fladenbrot.
Ca. 41 km südwestlich von Turin

Museen

Museo Civico
Das Museo Civico zeigt eine Übersicht über die Geschichte Europas von der Neusteinzeit bis zur Eisenzeit. Zu sehen sind u.a. Abdrücke und Reliefs von Felsenzeichnungen in den Alpen.
Viale Giolitti 1; Di–Sa 9–12 und 14–18 Uhr, im Winter bis 17 Uhr; Eintritt frei

Einkaufen

Albergian
Delikatessen wie Konfitüren, Pasteten, Liköre.
Corso Torino 85

Service

Auskunft
Viale Giolitti 7/9; Tel. 01 21 79 55 89, Fax 01 21 79 49 32; E-Mail: pinerolo@montagnedoc.it

Sacra di San Michele
■ C 7, S. 112

Nur wenige Kilometer von Avigliana entfernt, erhebt sich das imposante, 962 m hoch gelegene ehemalige Benediktinerkloster Sacra di San Michele – eines der bedeutendsten romanischen Bauwerke Norditaliens und das italienische Gegenstück zum Mont-St-Michel der französischen Bretagne. Der Klosterkomplex mit Kirche umfasst den gesamten Berggipfel des Monte Pirchiriano – eine architektonische Glanzleistung. Die

Errichtung der Abtei begann zwischen 983 und 987 und wurde durch vier Jahrhunderte hindurch – vom 11. bis 14. Jh. – fortgesetzt. Im 17. Jh. wurde das Kloster schließlich in eine Festung verwandelt, die von den Franzosen weitgehend zerstört wurde. Seit 1836 leben in dem restaurierten Bauwerk die Mönche des Rosminianer-Ordens.
Monte Pirchiriano; Mitte Okt.–Mitte März tgl. außer Mo 9.30–12.30 und 15–17 Uhr, Mitte März–Mitte Okt. tgl. außer Mo 9.30–12.30 und 15–18 Uhr; Internet: www.sacradisanmichele.com; Eintritt 2,50 €
Ca. 35 km westlich von Turin

Santuario della Madonna d'Oropa
■ F 5, S. 113

13 km nordwestlich von Biella kommt man zu einer der bedeutendsten Wallfahrtskirchen Italiens: zu dem berühmten Santuario della Madonna d'Oropa mit der »Schwarzen Madonna«. Eusebius, der Bischof von Vercelli, brachte 369 n. Chr. aus dem Heiligen Land eine hölzerne Madonnenfigur mit, die angeblich von dem Evangelisten Lukas stammen soll. Der Bischof zog sich mit der Madonnenfigur in die Berge zurück und errichtete für sie eine Kapelle. Mit dem wachsenden Pilgerstrom wurde im 17. Jh. aus der Kapelle die Basilica d'Oropa. Im 19. Jh. begann man mit dem Bau einer weiteren Kirche, deren Kuppel erst 1960 fertig gestellt wurde.

Sestriere
■ B 8, S. 112

840 Einwohner

Die Schneekönigin: Sestriere ist der bedeutendste Skiort im Piemont. Es geschah so um das Jahr 1928. Der inzwischen verstorbene Senator und Fiat-Boss Giovanni Agnelli war auf Erkundungstour durch das Piemont und entdeckte die Region um Sestriere, ein weitläufiges Ge-

biet, durchzogen von Tannenwäldern. Aus dem Nichts wurde mit des Senators Unterstützung ein Wintersportort der Superlative geschaffen: 400 km Pisten, 118 Skilifte, 900 Kunstschneekanonen, 13 km Langlaufpisten. Im Jahr 2006 erfolgt die Krönung: In Sestriere werden die Olympischen Winterspiele ausgetragen. Im Sommer lockt die Stadt mit Golfplätzen und vielen Wanderwegen. Ach, und natürlich kann sich auch das Après-Ski-Angebot sehen lassen! Die Architektur des Ortes ist allerdings nichts für Nostalgiker.
Ca. 93 km westlich von Turin

Hotels/andere Unterkünfte

Grand Hotel Principi di Piemonte
M M
Wer was auf sich hält, steigt im Grand Hotel ab. Sauna, Swimmingpool, die Bar für den Après-Ski – alles vorhanden. Natürlich checkt hier auch der Agnelli-Clan ein.
Via Sauze; Tel. 01 22 79 41, Fax 01 22 75 54 11; 94 Zimmer ★ ★ ★ ★ AmEx DINERS MASTER VISA

Olimpic
Wer's eher gemütlich und günstiger mag, ist im Olimpic an der richtigen Adresse.
Via Monterotta 9, Tel. 0 12 27 73 44, Fax 0 12 27 61 33; 28 Zimmer ★ ★

Essen und Trinken

Enoteca Tre Rubinetti
Piemont plus Frankreich, in diesem Weinlokal gibt es von beidem nur das Leckerste.
Piazzale Agnelli 4/B; Tel. 0 12 27 73 97 ★

Service

Auskunft
Via Louset; Tel. 01 22 75 54 44, Fax 01 22 75 51 71; E-Mail: sestriere@montagnedoc.it

Stupinigi ■ D 8, S. 113

Das Jagdschloss in Stupinigi ist ein Meisterwerk des Architekten Filippo Juvarra. Gegen 1730 erbaute er die malerische Anlage im Stil des späten Barock mit leichter Neigung zum Rokoko im Auftrag von Vittorio Amadeo II. Im Inneren der Palazzina di Caccia sind Wohnräume, die Portraitgalerie, der Festsaal und das Museo dell'Arredamento e dell'Ammobiliamento artistico zu besichtigen.
Palazzina di Caccia; tgl. außer Mo 9–11.50 und 14–16.20 Uhr; Eintritt 7 €
Ca. 16 km südwestlich von Turin

Susa ■ B 7, S. 112

6700 Einwohner

Das malerisch am Fuß des Mont Cenis gelegene Susa, von den Kelten gegründet, war für die Römer ein bedeutender Grenzort. Reste aus dieser Zeit sind neben der Porta del Castello ein Triumphbogen für Kaiser Augustus (8 v. Chr.), Teile der Stadtmauern, die doppeltorige Porta Savoia und die Terme Graziane. Sehenswert auch die Kathedrale **San Giusto** aus dem 11. Jh. mit einem wuchtigen romanischen Glockenturm und die Kirche **San Francesco** (1247), vor allem aber das malerische Viertel **Borgo dei Nobili**. Durch das Susa-Tal lässt es sich auch wunderbar wandern.
Information bei der Organisation Susa-Tal: Piazza Garambois, 10056 Oulx; Tel. 02 21 83 17 86, 02 21 83 18 80
Ca. 53 km westlich von Turin

Hotels/andere Unterkünfte

Napoleon
Passionierte Susa-Tal-Wanderer könnten sich überlegen, im Napoleon, dem ersten Hotel in Susa, ihre Zelte aufzuschlagen.
Via Mazzini 44; Tel. 01 22 62 28 55, Fax 0 12 23 19 00; 62 Zimmer ★ ★ AmEx DINERS MASTER VISA

Im Herzen der Langhe, eine Stadt der Sinne, vor allem des Geruchs- und Geschmackssinns: Weine, Trüffeln, gutes Essen – Alba ist Genuss pur!

Alba ■ EF 14, S. 117

29 400 Einwohner
Stadtplan → S. 39

Der Trüffel hat eine Hauptstadt; sie heißt Alba und liegt im Herzen der Langhe, der südlichen Hinterlandschaft von Turin. Am besten stattet man ihr einen Besuch im Oktober ab, wenn es in den Straßen nach Trüffeln duftet und der **Palio degli Asini**, der berühmte Eselpalio, auf dem Programm steht. Ein Wettkampf in Erinnerung an den ewigen Konkurrenzkampf mit Asti – dort wird der Palio auf Pferderücken veranstaltet.

Im Mittelalter war Alba freie Stadtrepublik, der Kern Albas mit seinen Pflastergassen, dominiert vom Backsteindom **San Lorenzo**, kündet noch von jener Zeit. Von den einst zahllosen Geschlechtertürmen der Stadt sind heute nur noch wenige erhalten: Die schönsten Exemplare stehen in der Via Cavour, in der Via Vittorio Emanuele II und auf der Piazza Duomo.

Doch nun zu den Gaumenfreuden: Überall locken Konditoreien, Weinhandlungen, Delikatessenläden und natürlich Trüffelgeschäfte. Wobei man die frischesten Trüffeln auf dem Samstagsmarkt im Herbst und Winter und zur **Fiera del Tartufo** im Oktober erstehen kann (→ S. 102). Kosten sollten Sie auch einen der berühmten **tume piemontesi**, eine Käsesorte, hergestellt aus verschiedenen Milcharten. Dazu schmeckt am besten ein Gläschen **Barbera d'Asti**. Sollten Sie gerade auf Diät sein, machen Sie besser einen großen Bogen um Alba!

Spaziergang

Das Auto parken Sie am besten auf den Parkplätzen an der **Piazza Medford**. Dann bummeln Sie über die Piazza Garibaldi und die Via Cavour in die Altstadt zur zentralen **Piazza Risorgimento** mit den bunten Häuserfassaden und den Geschlechtertürmen. Lust auf Gastro-Shopping? Merken Sie sich die Enoteca le Torri vor – ein Schlemmerland! Auf der Piazza stehen das Rathaus und der San-Lorenzo-Dom, in dessen Inneren eine ganz eigenartige Atmosphäre herrscht. Gleich neben dem Dom könnten Sie sich im historischen Caffè Calissano einen Cappuccino gönnen. Über die **Via Calissano** kommen Sie dann zur Kirche San Domenico und zum Eusebio-Stadtmuseum. An der **Via Vittorio Emanuele** steht die Kirche Santa Maddalena. Entlang dieser Straße findet ab Mitte September bis Dezember der Trüffelmarkt statt. Auf Nummer 26 befindet sich mit **Tartufi Ponzio** das älteste Trüffelgeschäft der Stadt. Die Via Vittorio Emanuele bringt Sie wieder zurück zur Piazza del Risorgimento.

Sehenswertes

Duomo di San Lorenzo   ■ b 2
Der Dom von Alba geht ursprünglich auf das 12. Jh. zurück, wurde jedoch mehrmals umgebaut. Die dem heiligen Lorenzo geweihte Kathedrale hat schöne romanische Portale und enthält einen Marmoraltar von Carlone aus der Frührenaissance. Die heutige Fassade datiert auf das 19. Jh. zurück. Den dunklen Innenraum schmückt eine mit Sternenhimmel bemalte Decke. Besonders hübsch ist auch das hölzerne, mit Intarsien verzierte Chorgestühl von Bernadino Fossati aus dem Jahre 1512.
Piazza Duomo

Palazzo Comunale   ■ b 2
Im Sitzungssaal des Rathauses können zwei schöne Renaissancegemälde besichtigt werden: »Die gekrönte Jungfrau« und das »Kleine Konzert«.
Piazza Risorgimento; Mo–Fr 9–12 und 14–17 Uhr; Eintritt frei

San Domenico   ■ b 3
Der schlichte frühgotische Ziegelbau wurde im 13. Jh. erbaut und wird heute als Aufführungsort für Theater und Konzerte genutzt. Und bereits Napoleon zweckentfremdete den Kirchenraum: Seine Soldaten benutzten ihn als Pferdestall. Eindrucksvoll ist die Wirkung des dreischiffigen Innenraums mit seinen riesigen gemauerten Rundpfeilern. In den Seitenchören sind noch Fresken erhalten, die der Schule des Macrino d'Alba

zugeschrieben werden. Im ehemaligen Kreuzgang hat ein Openair-Theater Platz gefunden.
Via Teobaldo Calissano 12

Essen und Trinken

Die Königin der Küche mit dem herrlichen Aroma hat trotz der guten Ernte der letzten Jahre immer noch einen sündhaft teuren Preis: Ein Kilo **tartufo bianco d'Alba** kostet zwischen 2500 und 3000 €. Aber, mal ehrlich: Gibt es etwas Leckereres als hausgemachte goldgelbe Pasta mit einem Hauch von Trüffeln?

Caffè Calissano   ■ b 2
Das schönste Café weit und breit. Von den Leckereien ganz zu schweigen…
Piazza Risorgimento

Osteria dell'Arco   ■ b 4
In einem der besten Lokale in den Langhe richtet sich die Speisekarte nach den Jahreszeiten. Verarbeitet werden nur qualitativ hochwertige Zutaten. Ein Gedicht sind die Trüffel-Risotti und der Barolo-Schmorbraten.
Piazza Savona 5; Tel. 01 73 36 39 74; So, Mo mittag geschl. ★★
AmEx DINERS MASTER VISA

Osteria Lalibera M M   ■ b 2
An langen Tischen sitzt man mit Einheimischen zusammen und genießt die Gerichte, die Franco Fiorino zusammenstellt.
Via Pertinace 24a; Tel. 01 73 29 31 55; So, Mo mittag geschl. ★★ AmEx DINERS MASTER VISA

Vincafè   ■ b 2
Die richtige Adresse für ein paar würzige **stuzzichini**, Häppchen für zwischendurch, begleitet von einem Gläschen Prosecco.
Via Vittorio Emanuele 12; Tel. 01 73 36 46 03; So geschl. ★★
AmEx DINERS MASTER VISA

Einkaufen

Cooperativa Santa Rosalia 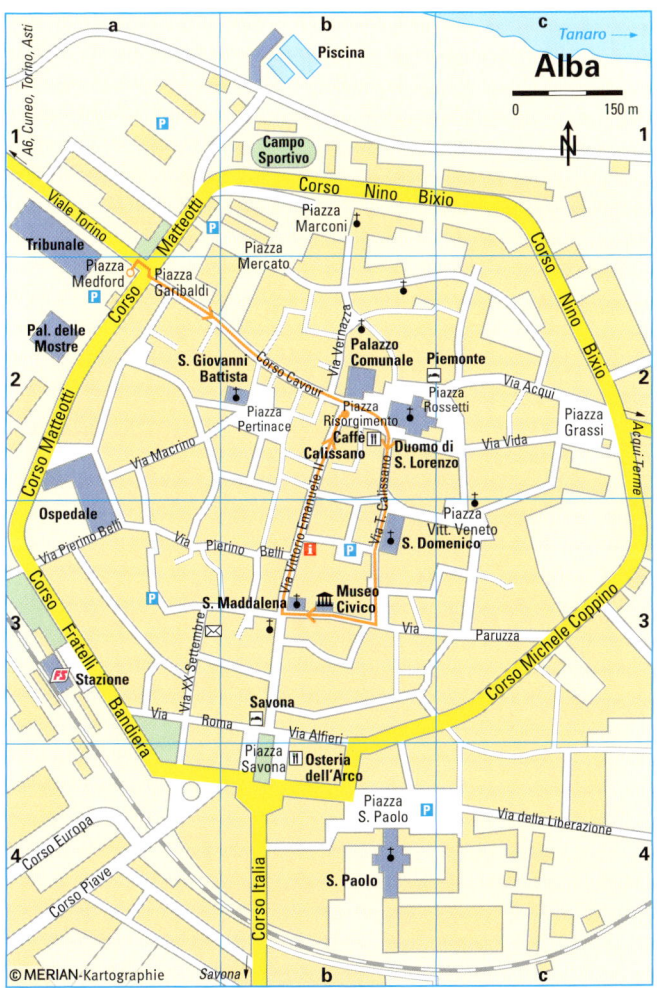M M

Mehrere Kellereien Albas haben sich zu dieser Genossenschaft zusammengeschlossen. Spezialität: der biologische, ausgesprochen süffige Dolcetto.
Loc. Santa Rosalia 30; Tel. 01 73 28 02 17

Enoteca le Torri M ■ b 2

Alle Köstlichkeiten des Piemont liegen schon verlockend ausgebreitet im Schaufenster. Unwiderstehlich!
Corso Cavour 13

La Casa del Torrone ■ b 4

Alles, was klebrig ist, herrlich süß schmeckt und dick macht. Der torro-

ne aus Alba, weiß, hart, knusprig, wird mit gerösteten Haselnüssen aus den Langhe hergestellt und ist eine ganz besondere Spezialität in Italien.
Piazza Savona 12

Panetteria Tarable ■ b 2
Spezialität dieser herrlichen Bäckerei sind die hausgemachten **grissini**.
Via Vittorio Emanuele 6

Tartufi Ponzio M M ■ b 3
Frische Trüffeln im ältesten Trüffel-geschäft der Stadt.
Via Vittorio Emanuele 26

! MERIAN-Tipp

Fiera del Tartufo Alljährlich im Herbst bricht in Alba das Trüffelfieber aus. Zur Trüffel-messe im Oktober werden über-all in der Stadt die kostbaren Knollen für sündhaft viel Geld verkauft. Ganz besonders be-gehrt sind die seltenen weißen Trüffeln. Abgerundet wird das Trüffelspektakel mit dem **Palio degli Asini**, dem Eselslauf am ersten Sonntag in Oktober. Auf dem **Mercato del Tartufo** an der Via Vittorio Emanuele kön-nen Sie von Mitte September bis Ende Dezember die frisches-ten Trüffeln erstehen. Ab Ende November sinken die Preise! Beachten Sie beim Trüffelkauf, dass die Trüffeln stark duften und fest sind. Zu weiche Trüf-feln waren in der Regel gefro-ren und schmecken nicht mehr. Am besten Sie kaufen sie ge-bürstet. Für den Transport nach Hause wickeln Sie die kostba-ren Knollen in Papiertücher. Vorsicht: Nicht auf Reis lagern, das trocknet aus!

Vestabene M ■ c 4
Wer Designermode mag, sollte hier einen Blick hineinwerfen. Vestabene ist ein piemontesisches Label, zu dem mehrere Firmen gehören.
Via Santa Margherita 23; Mo vormittag und So geschl.

Service

Auskunft
APT ■ b 3
Via Vittorio Emanuele 19; Tel. und Fax
01 73 36 25 62

Ziele in der Umgebung

Barolo ■ E 14, S. 117

680 Einwohner

Dem Weinliebhaber klingen bei die-sem Namen die Ohren. Der Barolo zählt zu den besten Rebensäften Italiens. Klar, dass sich auch in dem gleichnamigen Städtchen alles um die hochprozentige Berühmtheit dreht, vor allem im **Castello Falletti**, wo sich eine Önothek mit einer Aus-wahl der besten Weine der Gegend befindet. Bevor man sich an eine Weinprobe macht, kann man im Schloss noch eine alte Ausrüstung zur Weinherstellung, das Zimmer der ehemaligen Hausherrin und eine an-tike Bibliothek besichtigen.

Übrigens – so erzählt man sich – soll es Julius Cäsar gewesen sein, der den Siegeszug des Barolo ankurbel-te. Er soll, als er in die Nähe von Ba-rolo kam, Wein aus der Region nach Rom mitgenommen haben.
Ca. 10 km südwestlich

Essen und Trinken

Locanda nel Borgo Antico
Piemontesische Spezialitäten.
Piazza Municipio 2; Tel. 0 17 35 63 55; tgl. außer Mi, Mitte Jan.–Mitte Feb., 25. Juli–Mitte Aug. geschl. ★ ★ VISA

Oben: Tiefrote Farbe, samtiger
Geschmack und ein Duft wie Wald-
beeren – nicht nur als »Riserva«
gilt der Barolo als »Wein der Könige«.

Mitte: Im Castello Grinzane Cavour
lädt die Enoteca Regionale zum Wein-
kosten und -kaufen ein (→ S. 42).

Unten: Wer auf der Suche nach
seltenen Jahrgängen ist, wird in
den Weingütern rund um La Morra,
Barolo und Verduno fündig.

Bra
■ E 14, S. 117

27 300 Einwohner

Ein schönes Städtchen mit barockem Stadtbild an der Grenze zwischen den Langhe und Monferrato. Wegen seines fruchtbaren Bodens trägt Bra, das antike Brayda, den Beinamen »Gemüsegarten«. Jedes Jahr findet hier eine große Gartenbauausstellung statt. Mittelpunkt ist die Piazza Caduti per la Libertà mit der Barockkirche **Sant'Andrea** (1682) und der dreigeschossigen **Casa Traversa** mit Barockportalen. Sehenswert sind auch die **Chiesa di Santa Chiara** (1742), eine wunderbare spätbarocke Kirche, die **Chiesa della Trinità** und der **Palazzo di Città**. Die Geschichte der Stadt erzählt das **Museo Civico** in der Via Parpera 4.

Bra ist berühmt für seine Käsespezialitäten, vor allem den trockenen Bra, einen köstlichen halbkräftigen Käse. Wussten Sie, dass es eine Käsemesse gibt? Jedes Jahr im September können Besucher in einem großen überdachten Markt die hohe Kunst der Käseherstellung bestaunen und die feinsten Sorten kosten, dazu gibt es Weine aus der Region. Eine weitere Spezialität ist der Brasato al Barolo, den Sie neben lokalen Weinen wie Nebbiolo und Barbera in der Osteria Boccondivino probieren könnten. Wenn Sie im Dezember nach Bra kommen, sollten Sie sich den zünftigen Tiermarkt nicht entgehen lassen – Ochsen und Kühe werden auf dem Marktplatz versteigert.
Ca. 16 km westlich von Alba

Essen und Trinken

Boccondivino M
Der Gemüseeintopf mit Basilikumsauce – einfach köstlich! Und erst das Eis mit Trüffeln!
Via Mendicità Istruita 14;
Tel. 01 72 42 56 74; tgl. außer So, Mo ★
AmEx | DINERS | MASTER | VISA

Einkaufen

Cantina Ascheri Giacomo M
Die Trauben aus den eigenen Weinbergen werden zu den für die Langhe typischen Weinen verarbeitet: Barolo, Barbaresco, Nebbiolo. Außerdem kann man 40 verschiedene, für Piemont typische konservierte Erzeugnisse kaufen: eingelegte Früchte, Marmelade, Sirup.
Via G. Piumati 23; Tel. 01 72 41 23 94

Castello Grinzane Cavour
■ E 14, S. 117

Es gibt zwei Dinge, die Piemont im Überfluss hat: Schlösser und guten Wein. Beides zusammen kann man im Castello Grinzane Cavour (Tel. 01 73 26 21 59; Di und im Jan. geschl.) genießen. Das Schloss, im 12. Jh. errichtet, ist eines der bedeutendsten Piemonts. Und hier befindet sich eine der ersten Önotheken der Region, die Enoteca Regionale dei Vini Piemontesi, 1967 eingerichtet, mit einer großen Auswahl ausgezeichneter Weine, dazu eine Trattoria mit vorzüglichen **cipolle ripiene** (gefüllte Zwiebeln).

Nur wenige Kilometer Richtung Süden erblickt man ein weiteres sehenswertes Castello, in **Serralunga d'Alba**, weithin sichtbar inmitten endloser Weinberge (Führung nach telefonischer Anmeldung: Tel. 01 73 61 35 28, Eintritt 5,20 €).
Ca. 4 km südlich von Alba

Cherasco
■ E 14, S. 117

6600 Einwohner

Cherasco mit seinen schachbrettartig angelegten Straßen ist Italiens Schneckenhauptstadt. Es gibt ein internationales Institut für Schneckenzucht und einen Kongress der Schneckenzüchter. Cherasco ist aber auch bekannt für Antiquitäten. Fünfmal im Jahr findet hier eine interes-

sante Antiquitätenmesse statt mit
über 400 Ständen.

Die Gründung der Stadt geht auf
das Jahr 1243 zurück, im 16. Jh. war
Cherasco ein beliebter Aufenthaltsort
des Hofes Savoyen, dieser Zeit hat
das Städtchen seine prachtvollen barocken Baudenkmäler zu verdanken.
Den Stadtkern Cherascos bildet die
Kreuzung Via Cavour und Via Vittorio
Emanuele an der Piazza Caduti per la
Libertà. Am Ende des Platzes steht
der **Arco del Belvedere**, ein barocker
Triumphbogen, der mit Heiligen und
einer Muttergottesstatue geschmückt ist. Für einen ersten Eindruck bummelt man am besten den
Fußweg entlang, der im Norden der
Stadt auf den Überresten der Mauer
verläuft.
Ca. 17 km südwestlich von Alba

Hotels/andere Unterkünfte

Al Cardinal Mazzarino
Bed & Breakfast-Hotel in einem ehe-
maligen Klostertrakt.
Via S. Pietro 48; Tel. 01 72 48 83 64,
Fax 01 72 48 79 14; 2 Zimmer ★ ★
AmEx DINERS MASTER VISA

Essen und Trinken

Osteria della Rosa Rossa M
In dieser herrlich altmodischen
Osteria stehen natürlich Schnecken
auf dem Menüplan: gebacken, ge-
dünstet, mit Zwiebeln, mit Kräutern,
als Suppe. Als Alternative bieten sich
die leckeren Gemüseaufläufe oder
Gnocchi an.
Via San Pietro 31; Mo geschl.

Einkaufen

Enoteca La Lumaca M
Hier ist der Name (**lumaca** = Schne-
cke) Programm: Es gibt Schnecken
frisch, tiefgefroren und aus Schokolade.
Via Cavour 8

Service

Auskunft
Informazione Turistica
Via Vittorio Emanuele 72;
Tel. 01 72 48 93 82

Diano d'Alba ■ E 14, S. 117

2700 Einwohner

Diano d'Alba, nur einen Katzen-
sprung von Alba entfernt, ist vor allem für seine Dolcetti bekannt. Dolcetto d'Alba heißt der Star unter den
guten Tropfen, sein Anbaugebiet ist
begrenzt auf das Gemeindegebiet
von Diano. Pro Jahr werden rund eine
Million Flaschen abgefüllt.
Ca. 8 km südlich von Alba

Hotels/andere Unterkünfte

Azienda agrituristica Marco Savigliano 🛉🛉
Gemütlicher kleiner Agriturismo-Hof.
Auf Wunsch gibt der Herr des Gutes
Nachhilfe in Sachen Weinerzeugung.
Via Madonnina 1; Tel. 0 17 36 91 96;
8 Betten ★

Einkaufen

Tenuta Colué
Im Reich der Dolcetti sollten Sie
sich auch welche mit nach Hause
nehmen, z.B. von diesem Weingut.
Via San Sebastiano 1

La Morra ■ E 14, S. 117

2500 Einwohner

La Morra, einer der wichtigsten Orte
des Barolo, ist ein Muss für jeden
Weinliebhaber. Der erste Weg führt
auf die **Piazza Castello**. Zur Be-
grüßung sozusagen genießen Sie
den herrlichen Blick über die Langhe.
Der zweite Weg führt in die **Cantina Comunale**. Auf seinen über 700 ha
Rebland produziert La Morra 35 Pro-
zent der gesamten Barolo-Produkti-

on. Die Cantina wurde 1973 im Palazzo der Marchesi von Barolo eingerichtet, ist ein Zusammenschluss von 38 Winzern und präsentiert die wichtigsten Weine der Umgebung. Weinseligkeit mit einem Schuss Kultur: Die Wände zieren Bilder von anno dazumal, und wer mag, kann sich ein Video zur Dorfentwicklung anschauen. Natürlich kann man auch einfach nur Wein kosten und kaufen.

Der dritte Weg führt in die **Osteria Veglio**, eines der besten Lokale in den Langhe. Bei schönem Wetter sitzen Sie auf der Terrasse – die Barolo-Weinberge zu Füßen, piemontesische Spezialitäten auf dem Teller. Und der vierte Weg in La Morra gebührt der **Pasticceria Soncin**. Hier wurden die **lamorresi al Barolo** erfunden, Schoko-Nuss-Kekse mit einem Schuss Barolo. Ursprünglich kam der Barolo übrigens als Medizin auf den Markt. Er galt als Mittel gegen Cholera, wurde heiß bei Erkältungen getrunken und in Apotheken verkauft.

Ca. 17 km südwestlich von Alba

Sehenswertes

Cantina Comunale
Alles über den Barolo und die wichtigsten Weine der Region.
Via Carlo Alberto 2; Tel. 01 73 50 92 04; Mi, Do, Fr 11–12.30 und 14.30–17.30, Sa, So 10–12.30 und 14.30–17.30 Uhr

Essen und Trinken

Osteria Veglio M M
Eines der besten Lokale der Region mit herrlicher Aussicht.
Franzione Annunziata 9; Tel. 01 73 50 93 41; Di, Mi geschl. ★★
AmEx DINERS MASTER VISA

Einkaufen

Pasticceria Soncin
Die beste Adresse für Weinkekse und Nusskuchen.
Via Roma 4

Monforte d'Alba
■ E 14, S. 117

2000 Einwohner

Romantik pur: Monforte d'Alba ist ein zauberhaftes kleines Städtchen auf einem Hügel mit engen Gassen, einer hübschen Piazza, einer Kirche und zwei erstklassigen Gourmet-Adressen. Der Name Monforte geht auf eine Festung zurück, die es allerdings seit 1706 nicht mehr gibt. Damals wurde an der Stelle der ehemaligen Festungsanlage ein Schloss errichtet.

Ca. 21 km südwestlich von Alba

Hotels/andere Unterkünfte

Villa Beccaris
Eine sorgfältig restaurierte Villa aus dem 17. Jh. mit Pool im Garten und freundlichem Service.
Via Bava Beccaris 1; Tel. 0 17 37 81 58, Fax 0 17 37 81 90; 23 Zimmer ★★
AmEx DINERS MASTER VISA

---

❶ MERIAN-Tipp ❦

Urlaub auf dem Bauernhof »Cascina del Monastero« heißt ein hübscher Bauernhof in **La Morra** mitten in den Langhe. Mit den Hühnern aufstehen, die familiäre Atmosphäre genießen, im umgebauten Stall die piemontesischen Leckereien kosten: Zum Frühstück gibt's jeden Morgen frischen Kuchen, als kleinen Snack zwischendurch hausgemachte Salami und Schinken. Fraz. Annunziata 112, La Morra; Tel. und Fax 01 73 50 92 45; 8 Zimmer ★
■ E 14, S. 117

Essen und Trinken

Da Felicin M M

Kommt man nach Monforte, isst man bei Felicin – bis heute die erste kulinarische Adresse. Felicin vermietet übrigens auch Zimmer.

Via Vallada 18; Tel. o 17 37 82 25; So abend und Mo geschl. ★ ★ AmEx DINERS MASTER VISA

La Salita

Piemontesische Küche vom Feinsten; wer das leckere Essen länger genießen möchte, kann sich auch gleich in einer Ferienwohnung einmieten.

Via Marconi 2a; Tel. 01 73 78 71 96; Mo und Di geschl. ★ ★
AmEx DINERS MASTER VISA

Einkaufen

Antica Dispensa

Die Antica Dispensa ist ein kleiner Geheimtipp unter den Genießern. Auf dem Bauernhof werden Spezialitäten wie Robiole in Öl, Entenpâté, getrüffelte Salami verkauft – alles dekorativ in Terrakottatöpfen verpackt.

Via Bava Beccaris 3

Santa Vittoria d'Alba
■ E 14, S. 117

960 Einwohner

Das Interessanteste an Vittorio d'Alba ist der Ortsteil **Cinzano**. Klingt vertraut? Genau. Diesen Ortsteil bewohnt die gleichnamige Familie, die seit 1703 Liköre und Weine herstellt. Über die Familie, ihre Geschichte und ihre Produkte kann man sich in einem kleinen Museum in der Via S. Cinzano 63 informieren. Dort ist auch eine Gläsersammlung zu bewundern, die bis zu 2000 Jahre alte Gläser aus aller Welt zeigt.

Ca. 16 km westlich von Alba

Verduno
■ E 14, S. 117

440 Einwohner

Mittelpunkt in Verduno ist die Piazza Castello mit dem **Schloss**, im 18. Jh. erbaut, 1838 von König Carlo Alberto gekauft. In den Weinkellern des Schlosses lagerte einer der ersten Barolo der Geschichte. Heute sind in den Räumen ein Restaurant und ein Hotel untergebracht – ganz stilecht mit Atmosphäre des 19. Jh. (kein Telefon, keine Zentralheizung).

Ein weinseliges Vergnügen ist der **Mangialonga-Festzug** jeden letzten Sonntag im August: Tausende von Weinliebhabern spazieren auf 3 km über Weinberge, kosten piemontesische Küche, trinken Wein.

Auf dem Weg von Alba nach Verduno kommen Sie an **Roddi** vorbei. Bis 1960 Universitätsstadt – für Trüffelhunde! Die Uni wurde 1880 von einem Trüffelsucher gegründet und bildete Mischlingshunde zu »Goldsuchern« aus.

Ca. 12 km nordwestlich von Alba

Hotels/andere Unterkünfte

Real Castello di Verduno M M M

Elf Zimmer stehen in einem Flügel des Königsschlosses zur Verfügung; die sind natürlich heiß begehrt, daher unbedingt rechtzeitig reservieren! Ansonsten bleibt ein Mahl im Schlossrestaurant.

Via Umberto 9; Tel. 01 72 47 01 25; 13 Zimmer ★ ★ AmEx DINERS MASTER VISA

Einkaufen

Commendatore Giovan Battista Burlotto M M

Einer der größten Barolo-Experten, seinen Laden schmücken internationale Preise, die er auf Weinausstellungen gewonnen hat, in seinen Kellern lagern Dolcetto, Barbera und natürlich Barolo.

Via Vittorio Emanuele 28

Hut ab: In Alessandria wurde er geboren, Alain Delon und Jean-Paul Belmondo verhalfen ihm zu Weltruhm – dem »Borsalino«, einer der berühmtesten Kopfbedeckungen der Welt.

Alessandria ■ D 18, S. 119

90 200 Einwohner
Stadtplan → S. 47

Im Jahr 1168 beschlossen die Bewohner mehrerer Dörfer im Monferrato, rund um das Castello di Rovereto eine Stadt zu bauen und dieser den Namen von Papst Alexander III. zu geben: Alessandria. Von den Savoyern wurde die strategisch günstig gelegene Stadt am Ufer des Tanaro, am Handelsweg nach Genua, später zu einer riesigen Grenzfestung ausgebaut. Zeuge der langen militärischen Tradition ist die sternförmige **Cittadella.**

Das Ende des letzten Jahrhunderts leitete für Alessandria das Ende seiner militärischen Bedeutung ein und den Beginn seiner immer größer werdenden Rolle in Industrie und Handel. Handel, Handwerk und Lebensfreude haben die Stadt geprägt. Einen guten Eindruck davon bekommt man in der letzten Aprilwoche, wenn – seit 1526 – die **Fiera di San Giorgio** gefeiert wird.

Doch nun zum berühmtesten Kind der Stadt, dem Borsalino: 1865 trat das erste Exemplar aus der Werkstatt von Giuseppe Borsalino die Eroberung der Köpfe an. Es versteht sich, dass dem international bekannten Exportprodukt auch ein Museum gewidmet ist: das **Museo del Capello.**

Nicht im Museum, sondern auf den Tellern der Feinschmecker findet man das Nationalgericht **bagna cauda,** das von den Hügeln Alessandrias aus ganz Piemont eroberte.

Hotels/andere Unterkünfte

Alle Due Buoi Rossi ■ c 3
Das gemütliche Hotel in zentraler Lage wurde auf den Resten der alten Poststation errichtet.
Via Cavour 32; Tel. 01 31 44 52 52, Fax 01 31 44 52 55; 50 Zimmer ★ ★ ★
AmEx VISA 🐶

Spaziergang

Los geht es an der **Piazza della Libertà,** und sogleich fällt der Blick auf den Palazzo del Municipio mit der originellen Dekoration: eine Uhr mit drei Zifferblättern und einem Wetterhahn. An der westlichen Seite des Platzes der Palazzo del Commando del Presidio Militare, an dessen Ecke ein Stück der 100 Kanonen eingemauert ist, mit denen sich Alessandria einst tapfer verteidigte, außerdem auf dem Platz der Palazzo delle Poste, mit einem schönen Mosaik von Gino Severini, das die Geschichte der Post erzählt. Und noch ein weiterer Palast: der Palazzo Ghilini, ein klassisches Beispiel für einen Barockbau in Alessandria.

Die **Via Parma** bringt Sie dann zum Palazzo Cuttica, wo heute das Konservatorium Vivaldi untergebracht ist. Gleich in der Nähe, auf der **Piazza Giovanni XXIII,** steht die Kathedrale mit dem 106 m hohen Campanile. Als nächstes könnten Sie das Museo Civico besuchen, das sich in der **Via Tripoli** befindet. Wieder zurück auf der Piazza della Libertà biegen Sie nun in die **Via Guasco.** Sie kommen vorbei an der Chiesa del Carmine und in der **Via Santa Maria di Castello** an der gleichnamigen Kirche. Der **Corso Monferrato** bringt Sie zur **Piazza Piero Gobetti** und zum Fluss Tanaro. Auf der anderen Seite des Ufers, das man über eine Brücke erreicht, stehen Sie vor einem imposanten sternförmigen Gebäude, einem interessanten Beispiel gelungener Militärarchitektur, der **Cittadella** (18. Jh.)

Lust auf ein erfrischendes Bad? Am anderen Ufer, entlang des Lungotanaro San Martino, befindet sich das städtische Schwimmbad (**Piscina Comunale**). Gleich danach halten Sie sich links, folgen der **Via Tiziano Vecellio** und kommen zunächst zum Bahnhof, dann zu den **Giardini Pubblici**. Über die **Piazza Garibaldi** und den **Corso Roma** gelangen Sie wieder zurück zur Piazza della Libertà.

Sehenswertes

Cattedrale ■ c 2
Die Kathedrale mit der schönen neoklassizistischen Fassade von Edoardo Arborio Mella wurde 1810 erbaut, 1879 erneuert. Auffallend der hohe Glockenturm (106 m).
Piazza Giovanni XXIII

Palazzo del Municipio ■ b 2
Mit dem Bau des Palazzos wurde 1775 nach einem Entwurf von Giuseppe Caseli begonnen, fertig gestellt wurde er 1824. An der Fassade von Francesco Bonsignore fällt vor allem die Uhr mit den drei Zifferblättern auf.
Piazza della Libertà

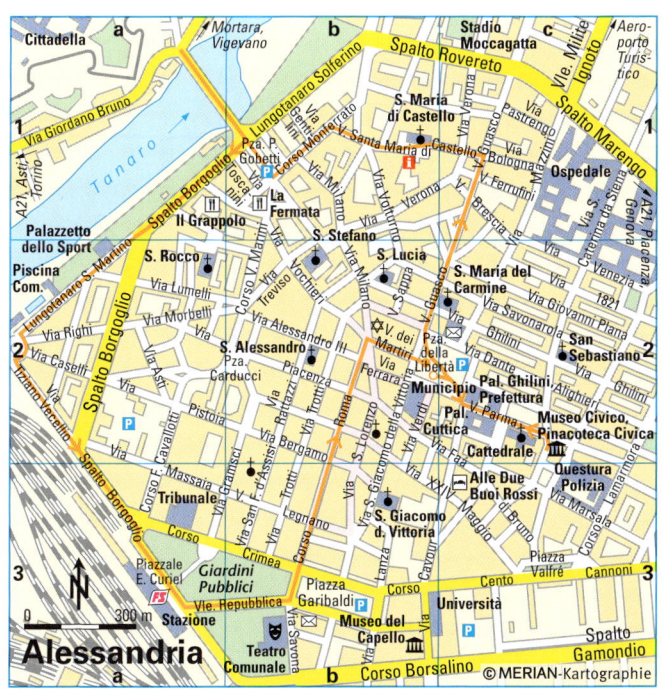

Santa Maria di Castello ◼ b 1
Im 11. Jh. stand hier noch die Festung
Rovereto, die gotische Kirche Santa
Maria di Castello wurde im 14. Jh. er-
richtet.
Via Santa Maria di Castello

Museen

Museo Civico ◼ c 2
Die Geschichte der Stadt in Unter-
lagen, Karten und Stadtplänen aus
den verschiedenen Epochen, außerdem eine reiche Sammlung von
Terracotta- und Marmorfunden.
Via Trisdia; tgl. außer Sa, So, Mo 9–12 und
15–18 Uhr

Museo del Capello ◼ b 3
Der bekannteste Exportartikel der
Stadt – der Borsalino – in allen For-
men und Farben. Besichtigung nur
nach telefonischer Anmeldung.
Via Cavour 84; Tel. 01 31 20 21 11

Pinacoteca Civica ◼ c 2
Gemälde von Giuseppe Vermiglio,
Moncalvo, Massimo d'Azeglio.
Ein Saal ist der modernen Kunst ge-
widmet: Werke u. a. von Giuseppe
Pelliza, Leonardo Bistolfi und Carlo
Carrà.
Via Tripoli 8; tgl. außer Sa, So und Mo vor-
mittags 9–12 und 14.45–18 Uhr

Essen und Trinken

Il Grappolo Ⓜ ◼ a 1
In einem schönen Palazzo aus dem
16. Jh. wird ein ausgezeichnetes
fritto misto serviert.
Via Casale 28; Tel. 01 31 25 32 17; Mo
abends, Di, 15.–24. Jan. und 1.–21. Aug.
geschl. ★ ★ AmEx DINERS MASTER VISA

La Fermata ◼ b 1–2
Gute piemontesische Küche und
Weine. Stilvolles Ambiente.
Via Casale 3; tgl. außer So, Jan. und Aug.;
Tel. 01 31 25 13 50 ★ ★ AmEx MASTER VISA

Einkaufen

Montags ist Markttag in Alessandria,
auf der Piazza Garibaldi.

Arsal östlich ◼ c 1
Alessandria ist bekannt für seine
Silberfiligranarbeiten. Wenn Sie auf
der Suche nach einem wertvollen
Geschenk sind, hier finden Sie eine
Auswahl schöner Schmuckstücke.
Via Galimberti 44

Borsalino Ⓜ Ⓜ ◼ b 3
Hier dreht sich alles um Alessandrias
berühmte Hüte. Wie wär's mit einem
original Borsalino als Andenken?
Corso Roma

Am Abend

Caffè Roma ◼ b 2–3
An warmen Abenden scheint sich
ganz Alessandria vor dem »Roma«
zu versammeln. Zum **gelato**-Schle-
cken, **aperitivo**-Trinken oder einfach
nur zum Plaudern.
Corso Roma 136; tgl. 8–23 Uhr

Service

Auskunft
APT ◼ b 1
Piazza S. M. di Castello 14;
Tel. 01 31 22 00 56, Fax 01 31 22 05 46

Automobilclub ◼ a 2–3
Corso F. Cavallotti 19; Tel. 01 31 26 05 53

Bahnhof ◼ a 3
Piazzale Curiel

Erste Hilfe, Krankenhaus ◼ c 2
C. Lamarmora 40; Tel. 0 13 14 22 42

Post ◼ c 2
Piazza della Libertà

Ziele in der Umgebung

Acqui Terme   ◼ C 19, S. 118

20 400 Einwohner

Schon die alten Römer ließen hier ihre müden Knochen kuren – sofern sie sich das leisten konnten. Acqui Terme liegt an der Grenze zum Monferrato und verfügt über ein Thermalbad mit bromsalzhaltigen Schwefelquellen. Eine davon, die **Bollente**, sprudelt im Zentrum der Stadt mit einer Temperatur von 75 °C aus dem Boden. Weitere warme Quellen mit heilendem Schlamm sowie eine schwefelhaltige Kaltwasserquelle befinden sich auf der anderen Seite des Flusses Bormida in der Nähe des antiken römischen Bades. Von den einst 10 km langen **Archi Romani** aus der Zeit des Kaisers Augustus sind leider nur noch vier Pfeilerarkaden erhalten.

Den Zauber der alten Zeiten hat sich Acqui Terme aber ganz bewahren können; Mittelpunkt der Stadt ist die **Piazza Duomo** mit dem **Dom** aus dem Jahre 1067 mit Renaissanceportal und romanischen Apsiden. Innen befindet sich ein schönes Triptychon von Bermejo. Im mittelalterlichen Schloss der Paläontologie ist das Stadtmuseum mit zahlreichen Funden aus römischer Zeit untergebracht.

Und dann hat Acqui Terme noch eine Spezialität anzubieten: süß, dunkel, schokoladig und ganz und gar nicht zu Kur-Zwecken geeignet – die **baci acquesi**.
Ca. 35 km südwestlich von Alessandria

Casale Monferrato   ◼ C 17, S. 118

38 500 Einwohner

Napoleon bezeichnete die von einer lieblichen Hügellandschaft umgebene Barockstadt als »città di riguardo«, und bis heute ist Casale Monferrato einen Ausflug wert.

Wunderschöne Palazzi wie **Palazzo Treville, Palazzo Langosco** oder **Palazzo dei Vitulli** und eine der schönsten romanischen Kathedralen Italiens (11./12. Jh.) mit einem herausragenden **Campanile** und einer Besonderheit in der Kapelle, die Sant'Evasio, dem Schutzherrn der Stadt, geweiht ist: Legt man das Ohr an eine Nische, so sagt die Legende, kann man noch das pulsierende Blut des Heiligen hören. Im Inneren des **Doms** befinden sich eine Statue der heiligen Maria Magdalena und die Grabmäler der Bischöfe Gambera und Bernardino Tibaldeschi-Orsini.

Machen Sie anschließend einen Bummel unter den malerischen Bogengängen der **Via Roma**. In den Vitrinen der Bars und Pasticcerien werden Sie eine einheimische Spezialität entdecken: **krumiri** – krümelige Kekse mit einem ganz besonderen Geschmack –, das Rezept ist eines der bestgehüteten Geheimnisse Casale Monferratos.

Jeden zweiten Samstag und Sonntag im Monat findet auf der Piazza Mazzini ein Antiquitätenmarkt statt.
Ca. 31 km nordwestlich von Alessandria

Hotels/andere Unterkünfte

Castello di San Giorgio
Übernachten können Sie in diesem kleinen Schloss mit guter Küche.
San Giorgio Monferrato; Tel. 01 42 80 62 03, Fax 01 42 80 65 05; Mo und 1.–20. Aug. geschl. ★ ★ ★ AmEx DINERS MASTER VISA

Museen

Museo Ebraico
1595 begann man mit dem Bau der Synagoge, im Gang der Frauenabteilung ist heute das Museo Ebraico untergebracht. Zu sehen sind Kultgegenstände aus vier Jahrhunderten.
Vicolo Salomone Olper 44; So 10–12 und 15–17.30 Uhr, Sa geschl., Mo–Fr nach Anmeldung unter Tel. 0 14 27 18 07

Einkaufen

Eugenio Viadana
Eugenio ist einer der letzten Meister, der Pferdesättel aus Leder in Handarbeit herstellt.
Via Torino 44

Fabbrica Krumiri Rossi
In der Keksfabrik bekommen Sie die knusprigsten **krumiri** – zum Mitbringen und Selbstzerkrümeln.
Via Lanza 19

Gavi ■ D 19, S. 119

215 Einwohner

Gavi ist ein Örtchen antiken Ursprungs und wird von der mächtigen Festung **Forte di Gavi** dominiert, die sich an einem strategischen Standort zur Verteidigung der früheren Durchgangswege befindet. Wer mag, kann einen Blick hineinwerfen (Di–Sa 9.30–11.30 und 14–15, So und an Feiertagen 9.30–11.30 Uhr, Eintritt 5,20 €).

Doch Gavi ist vor allem dank seiner strohgelben, frischen, leichten Weißweine weit über seine Grenzen hinaus bekannt. Ein strenges Auge auf die Qualität der Weine hat der Gavi-Schutzverband. Dort erfährt man alles über die Weine mit Qualiätssiegel DOCG, wo man sie kaufen und kosten kann und wo zur Erntezeit die schönsten Weinfeste gefeiert werden.
Consorzio di tutela del Gavi, Camera di Commercio; Via San Lorenzo 21; Tel. 01 31 31 31; Mo–Sa 9–12 und 14–16 Uhr
Ca. 34 km südöstlich von Alessandria

Einkaufen

Pasticceria Bassano
Hier spielt sich das Dolce Vita Gavis ab, süße Köstlichkeiten zum sofortigen Verzehr oder zum Mitnehmen auf Vorrat. Besonders lecker sind die **amaretti**.
Via Mameli 41

Valenza Po ■ D 17, S. 119

20 000 Einwohner

Spaziert man durch die Altstadt von Valenza, vorbei am Dom aus dem 17. Jh., wird man von den Auslagen der Geschäfte beinahe geblendet: Valenza ist die Welthauptstadt der Goldschmiedekunst. Über 1300 Betriebe produzieren die Schmuckstücke und exportieren diese in alle Welt. Diese Tradition geht zurück auf den aus Valenza stammenden Vincenzo Melchiorre, der Ende des 19. Jh. damit begann, Schmuck aus 18-karätigem Gold und Edelsteinen herzustellen. Seit dieser Zeit haben die Goldschmiede der Stadt für ihre Kunstfertigkeit so manchen Preis eingeheimst.
Ca. 13 km nördlich von Alessandria

Vignale Monferrato
■ C 17, S. 118

1450 Einwohner

Es gibt zwei gute Gründe, Vignale Monferrato zu besuchen. Der erste ist ein kulinarischer: Der **Palazzo Callori** ist der Sitz der Enoteca del Monferrato, mit allen Weinen des Monferrato und den anderen edlen Tropfen der Region Piemont – nach strenger Auswahl zugelassen!

Der zweite Grund ist ein künstlerischer und nennt sich **Vignaledanza**: Im August wird Vignale zu einer großen Bühne. Internationale Tänzer, Gruppen, Solisten zeigen auf der Piazza vor der Enoteca ihr Können, außerdem stehen Ballettaufführungen, Kongresse und Wettbewerbe auf dem Programm.

Einst war Vignale auch im Besitz eines stolzen **Schlosses,** heute ist davon leider nur noch sehr wenig zu sehen. Es war strategisch derart wichtig, dass es Eugenio von Savoyen Ende des 17. Jh. fast vollständig dem Erdboden gleichmachen ließ.
Ca. 24 km nordwestlich von Alessandria

Der Asti Spumante hat das kleine Städtchen berühmt gemacht. Doch Asti hat seinen Besuchern viel mehr zu bieten als den klassischen Schaumwein.

Asti

■ B 18, S. 118

73 800 Einwohner
Stadtplan → S. 53

Wenn es Ihnen möglich ist, verlegen Sie Ihren Besuch in Asti auf September, dann nämlich geht es hier rund. Zum einen sorgt der traditionelle **Palio**, ein buntes Kostümspektakel hoch zu Ross, für Stimmung, zum anderen steht die Stadt dann ganz im Zeichen des Weins, genauer gesagt des Weinfestes **Douja d'Or**.

Asti, die ehemalige Handelsstadt im Zentrum des Monferrato, von den Römern als Colonia Hastia (hoher Fels) gegründet, ist eine Stadt der mittelalterlichen Palazzi, Piazze und der Türme – was ihr die liebevolle Bezeichnung »San Gimignano del Piemonte« einbrachte. Im Jahre 569 war Asti Mittelpunkt eines Langobardenherzogtums, 932 Bischofssitz. Im Mittelalter wurde es freie Reichsstadt, 1529 schließlich kam es an Savoyen.

Einem Mann werden Sie in Asti auf Schritt und Tritt begegnen: dem Tragödiendichter **Vittorio Alfieri**, der 1749 in Asti geboren wurde und dem zu Ehren ein Museum eingerichtet wurde, auch ein Theater und eine Straße tragen seinen Namen.

Dass Asti eine Hochburg des Weins ist, wollte die Kommunalverwaltung gleich auf den Nummernschildern der Autos festgehalten wissen. Die Lokalpolitiker machten sich stark für »Asti – Provincia di Vino« – als Alternative zu den neuen, wenig dekorativen Nummernschildern.

Einen Ausflug wert ist auch das Naturschutzgebiet **Parco Naturale di Roccheta Tanaro**, das zu Fuß, auf dem Pferderücken oder mit dem Fahrrad auf gut markierten Wegen erforscht werden kann.

Hotels / andere Unterkünfte

Aleramo ■ c 3
Das erste Hotel am Platz mit akkuratem Service, zentral gelegen.
Via E. Filiberto 13; Tel. 01 41 59 56 61, Fax 0 14 13 00 39; 42 Zimmer ★★★
AmEx DINERS MASTER VISA 🐾

Cavour ■ c 3
Eine preiswerte Alternative für einen Kurzaufenthalt in Asti.
Piazza Marconi 18; Tel. 0 14 15 30 22 23; 19 Zimmer ★

Mini Motel östlich ■ d 1
Hier sollten Sie unbedingt vorher reservieren. Auf dem Weg nach Alessandria gelegen.
Corso Alessandria 560; Tel. 01 41 27 22 40, Fax 01 41 47 63 33; 7 Zimmer ★★

Spaziergang

Ihren Bummel durch Asti beginnen Sie an der **Piazza I. Maggio**, wo Sie sich die Rotonda, die Kirche San Pietro und das archäologische Museum ansehen können. Weiter geht es dann den **Corso Alfieri** entlang, benannt nach dem großen Dichter. Der Corso öffnet sich und wird zur Piazza. Unter den Bögen der Piazza bummeln die Astianer und versorgen sich mit der neuesten Mode. Ganz traditionell könnten Sie nun Ihren zweiten Morgenkaffee in der Bar **Antico Caffè Ligure** nehmen, einem der ältesten Cafés der Stadt. Frisch gestärkt kommen Sie dann an der **Piazza Roma** zum Geburtshaus Alfieris (Nr. 192), heute ist darin das Centro Nazionale di Studi Alfierani untergebracht. Einige Häuserblocks weiter, Nr. 357, befindet sich die Pinacoteca Civica und das Museo Alfieriano. An der Ecke zur Via Roero steht der Torre dei De Regibus und gleich in der Nähe, Nr. 367, das Museo Lapidario und die Cripta di Sant' Anastasio.

Gegen Ende des Corso kommen Sie zur Kirche Santa Catarina, und gleich dahinter verbirgt sich das älteste Monument Astis: der Torre Rossa aus dem für Asti so charakteristischen roten Ziegelstein. Wieder zurück auf dem Corso, biegen Sie rechts ab und kommen zur **Piazza Cattedrale** mit dem Dom. Weiter geht es auf dem Corso des großen Dichters. Schlagen Sie kurz nach der Piazza Roma in das bogengesäumte Gässchen ein, und Sie kommen zur **Piazza San Secondo** mit dem Palazzo del Municipio und der Kirche San Secondo, dem ältesten Gotteshaus Astis.

Sehenswertes

Battistero di San Pietro ■ d 1
Das achteckige Baptisterium, Rotonda genannt, stammt aus dem 12. Jh., das Innere ist durch Säulen aus Ziegelstein und hellem Stein unterteilt.
Corso Alfieri 2; Eintritt 2,60 €

Cattedrale Santa Maria Assunta e Gottardo ■ a 2
Wo einst ein römischer Juno-Tempel stand, befindet sich heute das imposanteste Gebäude der Stadt. Mit dem Bau der Kathedrale, die als eine der schönsten Piemonts gilt, wurde 1309 begonnen, erst etwa 50 Jahre später war sie fertig. Das dreischiffige Innere ist reich an Kunstwerken, darunter befinden sich Fresken und Gemälde von Moncalvo, Bassano, di Gandolfino d'Asti und Carlone.
Piazza Cattedrale

Cripta di Sant' Anastasio/ Museo Lapidario ■ b 3
Eine ehemals zweistöckige Kirche aus dem 9. Jh., von der nur der untere Teil erhalten blieb; dieser wurde 1907 im Keller eines humanistischen Gymnasiums freigelegt.
Corso Alfieri 367; Eintritt 2,60 €

Recinto dei Nobili ■ ab 2
Einst zählte Asti 100 Wehrtürme – vom einheimischen Adel im 13. Jh. errichtet –, heute sind davon nur wenige übrig geblieben. Die meisten befinden sich in einem gut erhaltenen Viertel, das sich Recinto dei Nobili nannte: Torre dei Guttuari (Piazza Statuto), Torre dei Comentini (Corso Alfieri 328), Torre dei Roero (Via Sella), Torre Montafia (Via Natta).

Torre Rossa ■ a 2
Das älteste Bauwerk der Stadt. Der untere, 16-eckige Teil stammt aus der römischen Zeit, der obere aus dem Mittelalter.
Corso Alfieri

Museen

Museo Alfieriano ■ a 2
Im ehemaligen Heim des Dichters Vittorio Alfieri (1749–1803), einem der großen »tragischen« Poeten Italiens, sind im ersten Stock seltene Erinnerungsstücke wie eine Handschriftensammlung aufbewahrt.
Corso Vittorio Alfieri 375; wegen Renovierung auf unbestimmte Zeit geschl., Auskunft unter Tel. 0 11 53 82 84

Museo Archeologico e Paleontologico ■ d 1
Eine reiche Auswahl an Fossilien und archäologischen Funden aus dem

Monferrato und der Gegend um Asti in drei Abteilungen.
Corso Alfieri 2; Di–Sa 9–12, 15–18, So 10–12 Uhr, Mo geschl.

Essen und Trinken

Barolo & Co 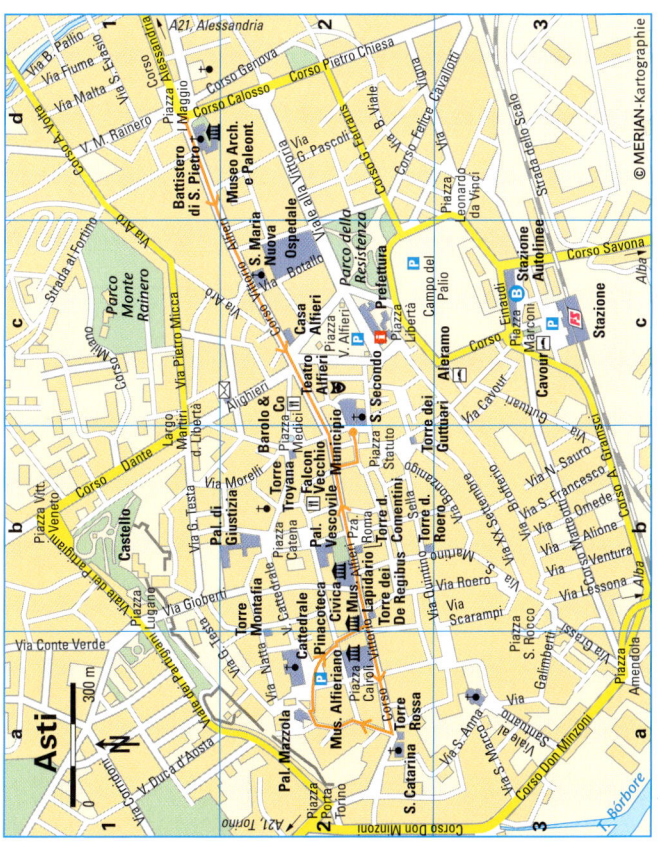 c 2
Osteria in einem gemütlichen Kellergeschoss – beschließen Sie das köstliche Mahl mit einem Moscato-Sorbet.
Via Cesare Battisti 14; Tel. 01 41 59 20 59; Mo geschl. ★ AmEx DINERS MASTER VISA

Falcon Vecchio ■ b 2
Typisch piemontesische Gerichte werden hier noch auf die gute, traditionelle Art zubereitet.
Via Mameli 9; Tel. 01 41 59 31 06; So abends, Mo und 9.–21. Aug. geschl.
★★ AmEx DINERS MASTER VISA

Gener Neuv M M M südlich ■ c 3
Probieren Sie die Spezialität **zuppa di baccalà**, eine Suppe aus Stockfisch. Gibt's nur in den Wintermonaten! Eines der besten Lokale Piemonts.
Lungo Tanaro 4; Tel. 01 41 55 72 70; So abends, Mo und im Aug. geschl. ★★★
AmEx DINERS MASTER VISA

53

Einkaufen

Markttage in Asti sind Mittwoch und Samstag. Die bunten Stände stehen am Campo del Palio.

Arazzeria Scassa M M

nördlich ■ d 1

Die Tapisserie von Ugo Scassa ist eigentlich eher ein Museum als ein Laden. In einem Kartäuserkloster untergebracht, kann man zusehen, wie ein uraltes Kunsthandwerk ausgeübt wird: das Weben eines Wandteppichs. An einem Quadratmeter arbeitet eine Weberin 500 Stunden. Die Wandteppiche von Asti sind weltberühmt: Man findet sie in der Vatikanstadt, in staatlichen Sammlungen Frankreichs oder in New York. Die Vorlagen, nach denen in Asti gearbeitet wird, stammen von großen Künstlern: Guttuso, Mirò, Dalí. Die Werkstatt kann problemlos nach telefonischer Voranmeldung besichtigt werden.
Via dell'Arazzeria 60, Tel. 01 41 27 13 52

Enoteca Al Beato Bevitore ■ b 2
Klar, dass man in der Weinhandlung »Zum glücklichen Trinker« Wein kaufen kann – bis Mitternacht! Außerdem gibt's noch Salami, Käse und andere Leckerbissen.
Via Bonzanigo 12

Giordanino ■ b 2
Bei Giordanino finden Sie die köstlichsten **dolci**.
Corso Alfieri 254

La Cantina ■ d 1
Enoteca mit vorzüglichen Weinen für den Weinkeller.
Via Pallio 13

Pasticceria Giordanino ■ b 2
Die historische Bäckerei: Hier findet man die Torta del Palio und Astigiani.
Corso Alfieri 254

❶ MERIAN-Tipp

Piemont von oben Wie wäre es mit einem Flug über die sanfte piemontesische Hügellandschaft, mit einem Blick auf die Weinberge von oben? Oder Sie bekommen plötzlich Lust darauf, in die weiße Welt der Alpen einzutauchen? Dann tun Sie's doch! Fliegen Sie! Zu den Stammkunden von Eliwest zählen übrigens Sylvester Stallone und Alberto Tomba. Eliwest, Loc. Tagliata 314, San Marzanoitto (Asti), Tel. 01 41 59 59 85.

Am Abend

Angelo Azzurro ■ c 3
Eine der beliebtesten Nachtbars in Asti, der blaue Engel zur blauen Stunde …
Via Emanuele Filiberto 14

Teatro Alfieri ■ c 2
Aufgeführt werden vor allem Stücke von Astis großem Sohn Vittorio Alfieri.
Via Carlo Leone Grandi 16; Tel. 01 41 39 91

Service

Auskunft
APT ■ c 2
Piazza Vittorio Alfieri 29; Tel. 01 41 53 03 57, Fax 01 41 53 82 00

Bahnhof ■ c 3
Piazzale Stazione

Besonders eindrucksvoll: die mächtigen, steil hochgezogenen Arkadenpfeiler in der Kathedrale von Asti (→ S. 52).

Ziele in der Umgebung

Canelli ■ B 18, S. 118

10 400 Einwohner

Canelli ist ein wichtiges landwirtschaftliches Zentrum an der Grenze zwischen den sanften Hügeln der Astiregion und den raueren Langhe – und die Hauptstadt des Spumante. Hier wird die Muskatellertraube zum berühmten Schaumwein Asti Spumante. Im Jahre 1850 wurde im Hause Gancia der erste Spumante Italiens hergestellt, wer sich dafür interessiert, kann die Kellereien des Unternehmens »F.lli Gancia« besichtigen.

Alljährlich am dritten Juniwochenende kommt Leben in die Stadt: An zwei Tagen hüllt sich die Bevölkerung in historische Kostüme und serviert Gerichte aus dem 17. Jh. Das Spektakel »Die Belagerung Canellis« erinnert an das Jahr 1613, als habsburgische Truppen die Stadt erfolglos belagerten.
Ca. 29 km südlich von Asti

Museen

Museo Gancia
Historische Kelterei.
Corso Libertà 66; Tel. 01 41 83 02 12; tgl. 10–12 und 15–17.30 Uhr, Führungen nach Voranmeldung

Essen und Trinken

Piccolo Sanremo
Ausgezeichnete Fleischgerichte – probieren Sie das Perlhuhn in Moscato. Aber auch die einfachen **gnocchi al pomodoro** sind ein Gedicht.
Via Alba 179; Tel. 0 14 17 82 39 44; So, Mo geschl. ★ AmEx DINERS MASTER VISA

Einkaufen

Enoteca Regionale di Canelli
Weinliebhaber finden hier alle prämierten DOC- und DOCG-Weine der Region und natürlich Asti Spumante und Moscato d'Asti.
Corso Libertà 61

Franco Zavattaro M M M
Der Goldschmied des Weines wird Franco Zavattero genannt, und schon die herrliche Eingangstür verrät warum: In tausend Murano-Glasscheiben sind Wein und Schmuck miteinander verbunden. Neben der Verarbeitung von Gold und Edelsteinen beteiligt sich Zavattaro auch am Flaschendesign: Von ihm stammt die typische Flasche für den Tastevin-Grappa, und er war beteiligt am Entwurf der Albeisa-Flasche.
Piazza Cavour 17

Giovine & Giovine 👫
Ein Schlaraffenland für Süßschnäbel: Kuchen, Kekse, Schokolade.
Piazza Gancia 11

Cocconato ■ A 17, S. 118

1600 Einwohner

Das Schönste an Cocconato sind die Sonnenuntergänge. Wenn man hoch oben in dem kleinen Örtchen steht, über die Täler des Monferrato und die Spitzen der Burgen blickt, wenn sich der Tag in einem farbenprächtigen Schauspiel dem Ende zuneigt, dann kann man selbst als Realist ins Träumen kommen. Kein Wunder, dass Cocconato auch »Balkon des Piemont« genannt wird. Der Ortsname hat übrigens nichts mit der Kokosnuss zu tun, er geht zurück auf das lateinische »Cum Conato« (= mit Mühe). Und ausgesprochen mühevoll war es früher für die Einwohner des kleinen, abgelegenen Ortes, Handel zu treiben und zu kommunizieren. So konnte sich Cocconato auch sein ursprüngliches Ortsbild bewahren. Hauptstraße ist die **Via Roma, Piazza Statuto** und **Piazza Cavour** bilden das Herz der Altstadt.
Ca. 32 km nördlich von Asti

Cortazzone

■ B 17, S. 118

Nahezu alle 700 Einwohner dieses malerischen Örtchens leben von der Freisa, einer Traubenart, die je nach Geschmack einen trockenen oder lieblichen Wein abgibt. Cortazzone ist eine Hochburg der Weinproduktion. Doch die Weinberge verbergen auch eines der bedeutendsten Monumente der Monferrater Romanik: die Kirche **San Secondo** (12. Jh.) mit schönen Reliefs an den Kapitellen.
Ca. 16 km nordwestlich von Asti

Costigliole d'Asti

■ B 18, S. 118

5650 Einwohner

Es war einmal die Contessa di Castiglione e Costiglione, befreundet mit Napoleon III. und sehr anspruchsvoll. 1854 zog sie mit ihrem Gatten in das Kastell von Costigliole und ließ es ausbauen, ausschmücken, verändern – bis sie ihren Gatten in den Ruin trieb. Dieser musste 1859 an den Prinzen Poniatowski verkaufen.
Ca. 15 km südlich von Asti

Essen und Trinken

Da Guido M M M
Auch heute kann ein Besuch im mächtigen Kastell kostspielig werden. Denn hier befindet sich das Ristorante da Guido, eines der besten, aber auch teuersten Restaurants Italiens. In diesem antiken Gemäuer einen Barbera d'Asti vom Feinsten zu genießen – welch ein Erlebnis!
Piazza Umberto I 27; Tel. 01 41 96 60 12; So 15. Juli–15. Aug. und 23. Dez.–10. Jan. geschl. ★ ★ ★ AmEx DINERS VISA

Einkaufen

Haben Sie einen grünen Daumen? Lieben Sie Blumen? Dann sollten Sie unbedingt einen Abstecher in den Ortsteil **Motta** von Costigliole machen. In der Tanaro-Ebene blühen Tausende von Primeln im Frühling, Geranien, Rosen, Chrysanthemen –

Markttage in Asti: Wollen Sie lokale Produkte, frisches Obst und Gemüse einkaufen, sollten Sie an einem Mittwoch oder Samstag die Stadt besuchen (→ S. 54).

in Gewächshäusern. Wer Zimmerpflanzen mag, kann hier unter den seltsamsten Gewächsen wählen. Direkter Einkauf ist möglich, auch an Sonn- und Feiertagen.
Pia Gianmario, Via Chiabotti 22; Perrone Bartolomeo, Via G. Scotti 182; Fausone Carlo, Corso Langhe 13

Nizza Monferrato
■ C 18, S. 118

10 000 Einwohner

Das kleine Städtchen am Zusammenfluss der Bäche Nizza und Belbo ist Sitz einer wichtigen Vereinigung: der Confraternità della Bagna Cauda, eine Gemeinschaft, die sich ganz dem piemontesischen Nationalgericht verschrieben hat. Die Tradition gewahrt wird auch in dem **Museo Bersano delle Contadinerie**, dem berühmtesten »landwirtschaftlichen« Museum Piemonts, in den sechziger Jahren von Arturo Bersano eingerichtet. Dieser bedauerte, dass die meist in mühevoller Kleinarbeit an langen Winterabenden aus Holz gefertigten Maschinen der Bauern von anonymer Technik und von in der Fabrik hergestellten Apparaten abgelöst wurden, und wollte mit diesem Museum daran erinnern. Weniger kurios ist ein Spaziergang unter den schönen Bogengängen der antiken Stadt und eine Besichtigung des **Palazzo del Comune** mit einem Turm, dessen original mittelalterliche Konstruktion noch teilweise erhalten ist.

Dass Sie z. B. in der Osteria Le Due Lanterne dann eine **bagna cauda** kosten sollten, versteht sich schon fast von selbst …
Ca. 27 km südöstlich von Asti

Museen

Musei Bersano delle Contadinerie e delle Stampe sul vino 👯
Zu sehen sind Weinpressen und landwirtschaftliche Werkzeuge.

Piazza Dante; Besuch nach Voranmeldung, Tel. 01 41 72 02 11; Eintritt frei

Essen und Trinken

Osteria Le Due Lanterne
Die **bagna-cauda**-Hochburg. Kosten Sie hier die üppige Piemonteser Spezialität.
Piazza Garibaldi 52; Tel. 01 41 70 24 80; tgl. außer Mo, Di; im Juli geschl. ★★
AmEx DINERS MASTER VISA

Einkaufen

La Signora in rosso
Riesenauswahl an lokalen Weinen, Grappe und lokalen Produkten. Zu den Weinen kann man auch kleine Häppchen bestellen.
Via Crova 2

Moncalvo
■ B 17, S. 118

3500 Einwohner

Erstklassige Trüffeln haben der kleinen Bergstadt kulinarischen Ruhm eingebracht, doch einen Besuch ist sie auch aus historischen Gründen wert. Zu sehen gibt es u. a. einen der ältesten Fußgängerbereiche Italiens, die so genannte **Fracia**, wo sich die besten Läden Moncalvos befinden.

Auf einer Anhöhe liegt die Backsteinkirche **San Francesco** (14. Jh.) mit Gemälden von Guglielmo Caccia, genannt il Moncalvo (1568–1626), der im Nebenchor der Kirche zusammen mit seinen Töchtern begraben liegt. Die Kirche **Madonna delle Grazie** (17. Jh.) ist eines der besten Werke des Architekten Magnocavallo. Schön auch die Terracotta-Fassade der **Casa gotica dei Testafochi** und schließlich die imposante quadratische Festung aus dem 14. Jh. Und damit wieder zurück zum kulinarischen Ruhm: In der **Panettiere Miravalle** auf der Piazza Garibaldi gibt es die knusprigsten **grissini** ganz Piemonts.
Ca. 30 km nordwestlich von Asti

Man liest es in ihren Gesichtern, hört es an ihrem Dialekt: Cuneo ist eine Stadt mit Dorfcharakter, eine Stadt, die keine Veränderungen liebt.

Cuneo ■ C 15, S. 116

55 400 Einwohner
Stadtplan → S. 61

Die schöne Piazza Galimberti, der **salotto** (»gute Stube«) Cuneos, ist seit jeher beliebter Treffpunkt der Cuneenser. Ihr etwas moderneres Gesicht zeigt die Stadt, die ihren Namen von ihrer eigenartigen Keilform ableitet, in der Via Roma oder in den eleganten Geschäften des Corso Nizza.

Die Geschichte Cuneos ist eine Geschichte der Belagerung und des Widerstandes: Wegen ihrer günstigen geografischen Lage war die Stadt stets eine begehrte Beute. Den Anfang machte 1210 der Marquis von Saluzzo, es folgte 1309 Roberto d'Angiò, König von Neapel, 1343 bis 1382 wechselten sich die Fürstenfamilien ab, darunter auch die Savoyer, 1542 bis 1557 waren die Franzosen an der Reihe, 1744 starteten die Franzosen, diesmal mit den Spaniern, einen erneuten Versuch, 1799 dann die österreichisch-russischen Truppen, 1814 kehrte Cuneo zurück unter die Herrschaft der Savoyer. Mitte des 20. Jh. wurde Cuneo für seinen erbitterten Kampf um die Freiheit mit einer goldenen Medaille, der Medaglia d'oro della Resistenza, ausgezeichnet.

Im Süden des Piemont, zu Füßen der Seealpen, lohnt das hübsche Städtchen Cuneo einen Besuch.

Hotels/andere Unterkünfte

Ligure ■ c 2
Eine Unterkunft mit viel Tradition und etwas Stallgeruch. Das Ligure war einst ein altes Gasthaus mit »Parkplätzen« für die Pferdestärken.
Via Savigliano 11; Tel. 01 71 68 19 42, Fax 01 71 63 45 45; 26 Zimmer ★ AmEx VISA

Principe ■ b 3
Ein guter Standort am Markttag. Sie müssen nur das Hotel verlassen und befinden sich bereits mitten im bunten Treiben. Gemütlich, ohne Restaurant, dafür mit Garage.
Piazza Duccio Galimberti 5; Tel. 01 71 69 33 55, Fax 0 17 16 75 62; 42 Zimmer ★★★ AmEx DINERS MASTER VISA

Smeraldo ■ a 4
Am zentralen Corso Nizza gelegen.
Corso Nizza 27; Tel. 01 71 69 63 67, Fax 01 71 69 63 67; 21 Zimmer ★★
AmEx DINERS VISA

Spaziergang

Die Piazza Galimberti teilt die Stadt in das antike und das moderne Cuneo. Machen wir zuerst einen Abstecher in die Vergangenheit: Los geht es in der **Via Roma,** und schon sind Sie im 13. Jh. Die Bogengänge dienten in früheren Zeiten als Pferdeställe. Zu Ihrer Linken werden Sie nun gleich den Dom entdecken. Etwas weiter vorne schlagen Sie links in die **Via Vaschetto** ein und kommen zur Chiesa Santa Croce. Die **Via Roma** bringt Sie dann weiter zum Rathaus (**Municipio**), das sich in einem ehemaligen Jesuitenkloster befindet, gleich dahinter die Kirche San Francesco. Die **Piazza Vincenzo Virginio** war einst das Herz der Stadt. Gehen Sie wieder zurück auf der Via Roma, und widmen Sie sich nun der anderen Straßenseite. Sie passieren die Chiesa Sant'Ambrogio, treffen in der **Via Teatro** auf das Theater Toselli

aus dem Jahre 1803, benannt nach Giovanni Toselli, dem Gründer des piemontesischen Theaters. In der **Via Mondovi** sehen Sie eine Synagoge aus dem 15. Jh., die zu den ältesten im Piemont zählt. In der Nachbarschaft der Synagoge befand sich einst ein jüdisches Ghetto. In der **Via Cacciatori delle Alpi** schließlich treffen Sie auf die Kirche Santa Chiara und den Palazzo Audifreddi mit dem Museo Civico.

Folgen Sie dagegen dem **Corso Nizza** von der Piazza Galimberti ausgehend in südwestlicher Richtung, dann kommen Sie an Büros, Banken, Geschäften, dem modernen Cuneo von heute, vorbei. Wenn Sie in den **Corso Dante** einbiegen, könnten Sie eine kleine Verschnaufpause im Grünen einlegen: Am Ende des Corsos treffen Sie auf den Parco della Resistenza.

Das Denkmal im Park ist das Monumento alla Resistenza, ein Werk von Umberto Mastroianni aus dem Jahre 1631, das an die Opfer des Widerstands erinnert. Falls Sie nun noch Lust haben, weitere 3 km zurückzulegen, folgen Sie immer der **Viale degli Angeli,** und Sie kommen zur Wallfahrtskirche (Santuario) Madonna degli Angeli.

Sehenswertes

Cattedrale ■ b 2
Die Kathedrale aus dem 12. Jh. wurde 1662 wiederaufgebaut, 1744 restauriert. Die neoklassizistische Fassade stammt von Antonio Bono. Im Inneren der Kirche fallen die schönen Kuppelfresken von Giuseppe Toselli aus dem Jahre 1835 auf.
Via Roma

Piazza Duccio Galimberti ■ b 2–3
Der mit Arkaden geschmückte Platz ist einer der schönsten und beeindruckendsten Plätze aus dem 19. Jh. in dieser Region.

San Francesco ■ b 1

Das Eindruckvollste an der als kreuzförmige Basilika angelegten Kirche sind das wunderbare Marmorportal aus dem Jahre 1481 und ein gotischer Campanile aus dem Jahre 1399. Hier versammelten sich einst die Cuneneser, wenn es etwas zu beraten gab, und hier wurden die berühmten Persönlichkeiten der Stadt bestattet.
Piazza Vincenzo Virginio

Santa Chiara ■ b 2

Vermutlich nach den Entwürfen von Francesco Gallo wurde Santa Chiara zwischen 1712 und 1719 errichtet. Im Inneren erzählen Fresken von Leon Battista Alberti vom Leben der heiligen Chiara.
Via Cacciatori delle Alpi

Sant'Ambrogio ■ c 1

Die klassizistische Kathedrale ist ein Werk von Francesco Gallo (zwischen

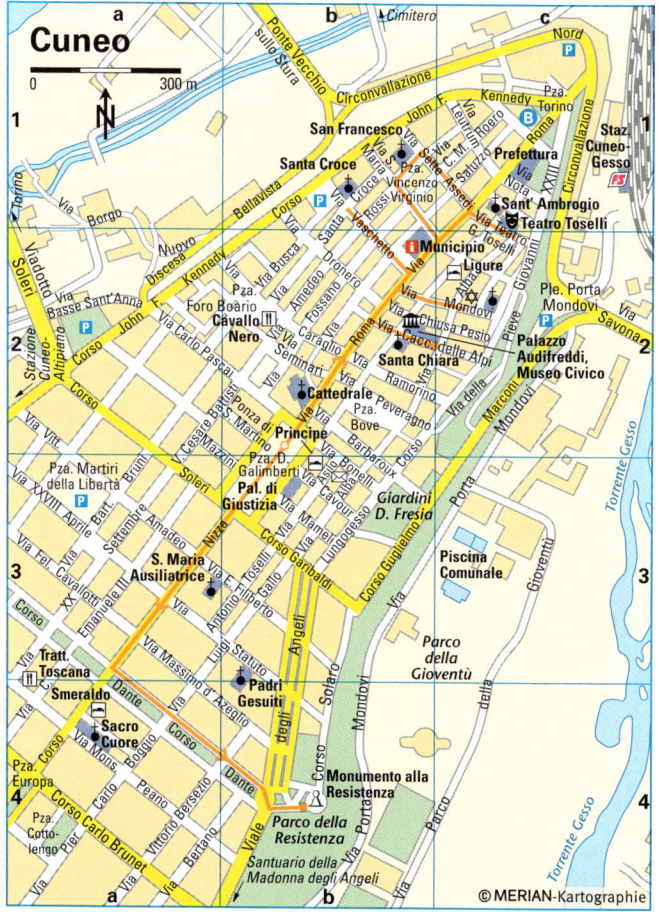

1703 und 1744) und hat einen prachtvollen Innenraum im gotischen Stil mit Fresken von Carlo Bianco. Der Name der Kirche erinnert an eine Hilfeleistung der Mailänder, denn der heilige Ambrosius ist der Stadtpatron Mailands.
Via Roma

Santuario della Madonna degli Angeli
südwestlich ■ b 4
Auf den Überresten einer antiken Kapelle wurde im 15. Jh. diese Wallfahrtskirche errichtet. Bestattet sind darin zwei den Cuneensern teure Persönlichkeiten: Angelo Carletti di Chivasso und Nationalheld Duccio Galimberti zusammen mit seiner Familie.

Museen

Museo Civico
■ b 2
Im Museo Civico im Palazzo Audifreddi befinden sich eine kostbare Gemäldesammlung, eine archäologische und prähistorische Abteilung sowie Funde und Dokumente zu Folklore und Stadtgeschichte. Zu sehen ist u. a. das Dekret, das Cuneo zur Stadt erklärte.
Via Cacciatori delle Alpi 9; Di–Fr 8.30–13 und 14.30–17, Sa 9–12 und 14.30–18 Uhr, Mo geschl.; Eintritt 3 €

Essen und Trinken

Cavallo Nero M
■ b 2
Die ausgezeichnete Küche der Region in ihrer ganzen Vielfalt.
Piazza Seminario 8; Tel. 01 71 60 20 17; Mo und Sept.–15. Juni geschl. ★★
AmEx VISA

Trattoria Toscana
■ a 3–4
Wer so richtig Lust auf eine fiorentina – ein kräftiges Steak – hat, ist hier richtig.
Via XX Settembre 33; Tel. 01 71 68 19 58; Mo und Mitte Aug. geschl. ★★ AmEx
DINERS VISA

Einkaufen

Jeden Dienstag ist Markttag auf der Piazza Galimberti. Boutiquen finden Sie entlang des Corso Nizza, schöne alte Stiche oder Antiquitäten in der Via Mondovi.

Castellino
■ a 4
Hier gibt's Barolo, Nebbiolo, Gattinara oder den weißen Cortese.
Piazza Europa; Tel. 01 71 69 31 63

Cava di Bacco
südlich ■ a 4
Qualitätsweine der Region.
Corso Vittorio Emanuele 2

Am Abend

Ciapam
■ a 3
Eine Diskothek gibt es in Cuneo nicht, dafür aber einen Nightclub.
Via XX Settembre 43

Cinema Teatro Monviso
■ a 3
Wechselndes Programm.
Via XX Settembre 14

Teatro Tosseli
■ c 1
Musik- und Theateraufführungen.
Via Teatro Tosseli 9; Tel. 0 17 16 44 91

Service

Auskunft
APT
■ b 2
Via Roma 28; Tel. und Fax 01 71 69 32 58

Bahnhof
südwestlich ■ a 2
Piazzale Libertà

Camping
südwestlich ■ a 4
Bisalta, San Rocco Castagnaretta; Via San Maurizio 33; Tel. 01 71 69 13 34

Erste Hilfe
Tel. 01 71 69 23 23

Zenobia Viaggi
südwestlich ■ a 2
Aktivferien in der Provinz Cuneo.
Corso IV Novembre 29; Tel. 01 71 69 45 86

Ziele in der Umgebung

Fossano ■ D 14, S. 117

23 300 Einwohner

Das mächtige gotische Backstein-schloss **Castello degli Acaia** (1324–1332) mit seinen wuchtigen Viereckstürmen, einige gut erhaltene Häuser aus dem 14. Jh. und die schö-nen alten Bogengänge in der Via Ga-ribaldi erinnern an das alte Fossano. Der Dom mit der monumentalen Backsteinfassade (1779) ist ein Werk Guarinis, die barocke **Chiesa della Santissima Trinità** (1728–1732) eine der besten Arbeiten von Francesco Gallo.
Ca. 26 km nordöstlich von Cuneo

Grotta di Bossea 👫 ■ E 16, S. 117

Abstieg in die Unterwelt: 120 m unter der Erde, 2 km lang – die Grotta di Bossea gehört zu den interessantes-ten und spektakulärsten Grotten Ita-liens. Der Besucher sieht Kalk-schlösser, unterirdische Seen und Kaskaden, Brücken, bizarre Steinformationen und Fossilien. In der Sala del Tempio wird in einer Vit-rine das rekonstruierte Skelett eines Höhlenbären (ursus spelaeus) auf-bewahrt. Tipp: Ziehen Sie sich besser warm an, denn die Temperatur im Inneren der Höhlen steigt selten über neun Grad.
Zufahrt: Von Cuneo über Mondovi über die SS 564, das Corsaglia-Tal hoch bis nach Bossea; Führungen: tgl. 9–12 und 14–18 Uhr; Internet: www.grottadibossea.it
Ca. 44 km südöstlich von Cuneo

Service

Auskunft
IAT Fabrosa Soprana
Piazza Municipio; Tel. 01 74 24 40 10

Mondovi ■ E 15, S. 117

22 200 Einwohner

Beinahe hätte Napoleon Mondovi zu seinem Alterssitz erkoren, so begeis-tert war er von dem kleinen mittel-alterlichen Ort, als er auf dem Weg von Ligurien daran vorbeifuhr. Das Mondovi von heute besteht aus zwei Stadtteilen – der **città vecchia** und **Breo**, dem neuen Stadtviertel. Beide sind durch eine Schwebebahn mit-einander verbunden. Mittelpunkt der Altstadt ist die **Piazza Maggiore** mit barocken Häusern und Adelsvillen. An schönen Tagen hat man von hier einen schönen Blick über die Langhe bis hin zu den ligurischen Alpen.
Ca. 27 km östlich von Cuneo

Essen und Trinken

Corsaglia
In der Osteria, in einem malerischen Tal nahe Mondovi gelegen, fühlt man sich sofort zu Hause. Am besten man lässt sich überraschen und die Si-gnora das Menü zusammenstellen.
Montaldo di Mondovi, Fraz. Corsaglia 27; Tel. 01 74 34 91 09; tgl. außer Di ★

Santuario di Vicoforte ■ E 15, S. 117

Die Wallfahrtskirche von Vicoforte dominiert mit ihrer gewaltigen Größe das gesamte Erscheinungsbild des kleinen Ortes. Mit ihrem Bau wurde 1596 begonnen, Francesco Gallo sorgte im 18. Jh. für die Fertigstel-lung. Auf sein architektonisches Kon-to geht auch die gewaltige Kuppel, die den Komplex überragt. Das Inne-re der Kirche ist reich mit Fresken verziert, in der Cappella di San Bene-detto fand Margherita di Savoia-Gon-zaga, die Tochter von Carlo Emanue-le, ihre letzte Ruhestätte.
Mo–Fr 10–12 und 14.30–17.30 Uhr, So und an Feiertagen 14.30–16 Uhr; Eintritt frei
Ca. 36 km östlich von Cuneo

Liebe auf den ersten Blick:
So viel Schönheit im größten unberührten Gebiet Europas erobert die Herzen der Naturliebhaber im Sturm.

Domodossola   ■ C 2, S. 110

18 900 Einwohner

Hier heißt es »Grüezi« statt »Buon giorno«. Das Ossola-Tal liegt am äußersten nördlichen Rand der Region, ist Piemonts Tor zur Schweiz und besitzt einen ganz eigenen Charme. Es bietet den Besuchern vor allem vielfältige Freizeit- und Sportmöglichkeiten wie Wandern, Skilaufen oder Rafting – und den Hobbyknipsern traumhafte Fotomotive.

Durch die Abgeschiedenheit hat sich im Ossola-Tal noch eine ganze Reihe von Traditionen und Handarbeiten erhalten. Berühmt sind die **puncett**-Stickereien und die handgefertigten **pezzotti**-Stoffe aus dem Vigezzo-Tal. Zu den kulinarischen Eigenheiten gehören die **viulin**, eine mit Gewürzen konservierte Ziegenkeule, die **stinchett**, Kalbsfüße, und das **magiarin**-Gebäck.

Der Hauptort Domodossola entwickelte sich entlang des Flusses Toce. Das Städtchen mit seinem historischen Kern zeigt noch nahezu unversehrt sein malerisches mittelalterliches Gesicht.

Ach, und wenn Ihnen manches irgendwie deutsch vorkommt, dann haben Sie Recht: Im 12. Jh. ließen sich hier die aus Deutschland kommenden Walser nieder. Auch wenn es in diesem Eck Piemonts mitunter nicht so scheint – doch, Sie sind noch in Italien! Und dann gilt hier vor allem eines: tief durchatmen und die frische Bergluft genießen.

Hotels/andere Unterkünfte

Corona
Angenehmes Hotel mit gutem Hotelrestaurant.
Via Marconi 8; Tel. 03 24 24 21 14, Fax 03 24 24 28 42; 32 Zimmer ★★
AmEx DINERS MASTER VISA 🐕

Sehenswertes

Palazzo San Francesco
Dank des Sempionetunnels ist Domodossola ein wichtiger Kommunikations- und Verbindungsweg zur Schweiz. Im Palazzo werden Erinnerungsstücke an den Bau des Tunnels und an die erste Alpenüberfliegung von Geo Chavez aufbewahrt.
Via San Francesco 4; Di–Fr 9–12 und 14–16, Sa 9–12 Uhr; Eintritt 3,20 €

Piazza Mercato
Auf der Piazza Mercato mit ihren engen Häusern, Säulengängen und Loggien aus dem 16. Jh. schlägt das Herz der Stadt. In den Cafés am Platz trifft man sich morgens zum Espresso, abends zum Aperitif.

Sacro Monte
Den Sacro Monte von Domodossola ließen zwei Kapuzinerpater in der Fastenzeit des Jahres 1656 errichten. Er ist der nördlichste der Kalvarienberge – sowohl in geografischer Hinsicht als auch im Hinblick auf den kulturellen Einfluss der helvetischen Religion. Kapellen und Via Crucis führen zur Kirche. Der Andachtsweg beginnt am Stadtrand von Domodossola, führt dann über die Via Regia

nach oben. Besonders sehenswert sind Figurengruppen von Busola und Volpini in der zweiten und vierten Kapelle. Seit 1991 steht das Gebiet um den Kalvarienberg unter Naturschutz. Auskunft unter Tel. 03 24 24 19 76

Essen und Trinken

Sciolla
Deftige Hausmannskost und Riesenportionen für den Höhenluft-Hunger. Es werden auch Zimmer vermietet. Piazza Convenzione 5; Tel. 03 24 24 26 33
★ AmEx DINERS MASTER VISA

Service

Auskunft
APT
Piazza Matteotti 24; Tel. 03 24 24 82 65

Ziele in der Umgebung

Valle Anzasca – Berghütte Zamboni-Zappa 👫
■ B 3, S. 110

Einer der schönsten Ausflüge, die Sie von Domodossola aus machen können, bringt Sie zur Berghütte Zamboni-Zappa. Dazu fahren Sie nach **Macugnaga** (50 km südwestlich von Domodossola), steigen in die Sesselbahn und gondeln bis zur Raststätte. Von dort verläuft ein mit Markierungsmännchen gekennzeichneter Weg (ca. 45 Minuten) über die Ausläufer des Gletschers Del Belvedere zur Berghütte in 2070 m Höhe. Und dort oben schmeckt die deftige Hausmannskost!

Valle Formazza
■ D 1–2, S. 111

Eng eingeschlossen zwischen den Kantonen Wallis und Tessin beginnt das Formazza-Tal. **Baceno** ist der größte Ort im unteren Formazza-Tal,

dort zeigt sich die Natur von ihrer lieblichen Seite. Der obere Teil des Tals dagegen besteht aus einer wilden Kulisse von Gletschern, Bergen, Wäldern und ist eine der unwirtlichsten Gegenden der Alpen überhaupt. Im Valle Formazza hat der Toce seinen Ursprung, in **La Frua**, einem Wintersportort ca. 6 km von Formazza entfernt, kann man den gewaltigen Wasserfall des Toce, den **Tosafall**, besichtigen.

Vigezzo
■ D 2, S. 111

150 Einwohner

Wollten Sie schon immer mal alles über Schornsteinfeger wissen? Oder könnten Sie eine Portion Glück gebrauchen? Dann sollten Sie Vigezzo besuchen. Die Einwohner des kleinen Dorfes sind in ganz Italien als »schwarze Männer« berühmt. Im nahe gelegenen Städtchen **Santa Maria Maggiore** ist das **Museo degli spazzacamini** (Schornsteinfegermuseum) eingerichtet, das mit Geräten und Fotografien den Beruf dokumentiert.
Ca. 12 km östlich von Domodossola

> ⓘ **MERIAN-Tipp** 👫
>
> **P**anorama-Fahrt mit der Vigezzina Vigezzo liegt im Vigezzo-Tal, das wegen seiner tausend Farbtöne auch das »Tal der Maler« genannt wird. Dieses herrliche Panorama können Sie genießen, wenn Sie das Tal mit der **Vigezzina** durchqueren. Eine Lokalbahn, die Domodossola in rund anderthalb Stunden mit Locarno, der Schweizer Stadt am Lago Maggiore, verbindet und auch in der Stadt der Schornsteinfeger Halt macht. ■ DE 2, S. 111

Treffpunkt: Piazza delle Erbe,

das Herz der Stadt. Ein kleines Schwätzchen, ein starker Espresso – und über allem wacht die Kuppel der Basilica di San Gaudenzio.

Novara
■ D 10, S. 115

102 800 Einwohner
Stadtplan → S. 67

Novara, die zweitgrößte Stadt im Piemont, ist eigentlich eine geschäftige Industriestadt an der Grenze zur Lombardei. Doch zweimal in der Woche kommt wieder richtig ländliches Leben in »Vegia Nuara«, das alte Novara: An den Markttagen Montag und Donnerstag, wenn die Bauern aus dem Hinterland ihre Produkte feilbieten, ist der richtige Zeitpunkt, Novara kennen zu lernen – bei einem Bummel unter den Portici Rosselli, auf der Piazza Martiri oder auf der Piazza delle Erbe, bei einer Besichtigung des weitgehend autofreien Zentrums.

Das antike Novara verdankt seine Struktur den Römern. 1167 trat es der »Lombardischen Liga« bei. 1738 kam Novara zu Savoyen. Es liegt umgeben von den Reisfeldern der Po-Ebene: Zusammen mit Vercelli bildet Novara das Zentrum des italienischen Reisanbaus – und das schmeckt man: Jeder Novareser Koch, der etwas auf sich hält, zaubert aus den knackigen Körnern das Nationalgericht, die **panissa**.

Hotels/andere Unterkünfte

Italia
■ b 2
Das erste Hotel am Platz; mit Sauna, Solarium, Konferenzräumen.
Via Solaroli 10; Tel. 03 21 39 93 16, Fax 03 21 39 93 10; 69 Zimmer ★ ★ ★
AmEx DINERS MASTER VISA

La Rotonda
■ b 3
Modern ausgestattet, in der Nähe des Krankenhauses.
Rotonda Massimo d'Azeglio 6;
Tel. 03 21 39 92 46, Fax 03 21 62 36 95;
26 Zimmer ★ ★ ★ AmEx DINERS VISA 🐕

Spaziergang

Von der **Piazza delle Erbe** geht es los. Die Piazza hat sich noch den Charme von einst erhalten, als Schuhmacher, Metzger und Händler das mittelalterliche Bild bestimmten. Schon damals galt die Piazza als »Salotto« von Novara, wo man sich am Morgen bei einem Cappuccino und am Abend auf einen Aperitif und ein Schwätzchen trifft.

Gleich in der Nähe ist der nächste sehenswerte Platz Novaras, die **Piazza del Duomo**. Auf der linken Seite sehen Sie ein Barometer der besonderen Art, die »Colonna che suda«, eine Säule, die durch den Grad der Feuchtigkeit die klimatischen Bedingungen anzeigt. Nächste Station sind die **Piazza della Repubblica** und das ehemalige Rathaus. Den quadratischen Innenhof umrahmen der Palazzo del Comune, der Palazzo dei Paratici und der Palazzo del Podestà.

Lust auf etwas Kunst und Geschichte? Dann können Sie im Broletto das Museo Civico und die Galleria d'Arte besuchen. Die **Via San Gaudenzio** bringt Sie zum bedeutendsten Kunstwerk Novaras – dank seines 122 m hohen Campaniles schon von weitem sichtbar –, zur Basilica di San Gaudenzio.

Sehenswertes

Basilica di San Gaudenzio ■ b 1–2
Mit dem Bau der einschiffigen Barockkirche, die als das wichtigste Monument Novaras gilt, wurde 1577 nach einem Entwurf von Tibaldi begonnen. 1650 wurde sie fertig gestellt. Der 122 m hohe Glockenturm, ein Wahrzeichen der Stadt, stammt von Benedetto Alfieri, die Kuppel von Antonelli. Das Innere der Basilika, die zu Ehren des Schutzpatrons Novaras errichtet wurde, schmücken Fresken und Gemälde von Gaudenzio Ferrari, Morazzone Moncalvo und da Varallo. Der Blumenstrauß aus Eisen erinnert an ein Gipfeltreffen zwischen Gaudenzio und Ambrogio, dem Schutzpatron Mailands.
Via Gaudenzio

Broletto ■ b 2
Hier wurde Politik gemacht. Ein mächtiger mittelalterlicher Komplex, der die wichtigsten antiken Regierungsgebäude Novaras (13.–17. Jh.) umfasst: Palazzo del Comune, Palazzo dei Paratici, Palazzo del Podestà, Palazzo Arengo.
Piazza della Repubblica

Chiesa di Ognissanti ■ c 2
Eine sehenswerte Backsteinkirche aus dem 12. Jh. mit schönen Fresken (1450).
Via Greppi

Duomo ■ b 2
Die dreischiffige neoklassizistische Basilika ist eine der jüngsten Bauten Novaras, 1863 bis 1869 nach einem Plan von Antonelli entstanden. Eine Kuppel schließt den im Unterbau

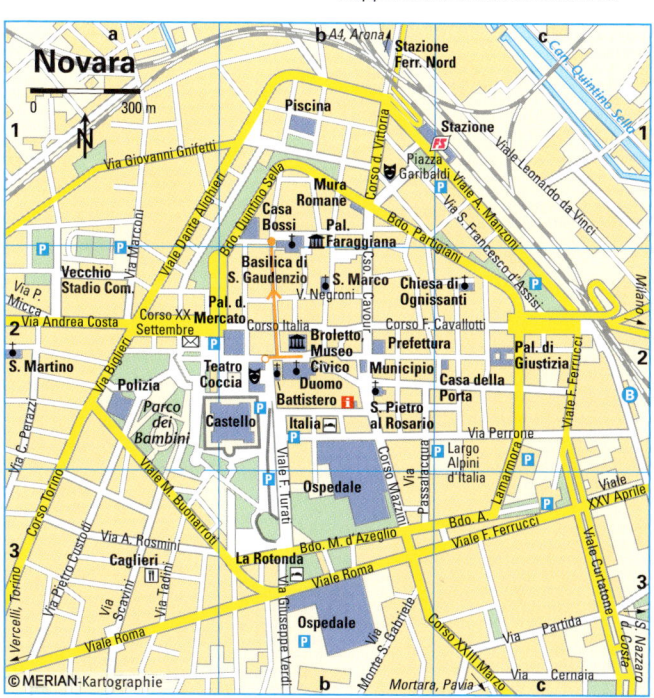

(12. Jh.) noch romanischen Campanile ab.

Im Inneren ein Meisterwerk von Gaudenzio Ferrari, »Lo sposalizio mistico di Santa Caterina«, und von Lanino »Il Crocifisso ed i Santi Gaudenzio, Benedetto e Maria Maddalena«, im Chor fasziniert ein Fußbodenmosaik mit Evangelistensymbolen. In der Capella di San Siro sind schöne Renaissancefresken zu sehen. Gegenüber dem Domportal befindet sich ein frühchristliches Baptisterium (5. Jh.) mit einem wunderbaren Freskenzyklus aus der byzantinischen Schule.
Piazza della Repubblica

Museen

Museo Civico ■ b 2
Neben der sehenswerten archäologischen Sammlung – prähistorische, antike römische, keltische und langobardische Funde – sind in diesem Museum vor allem die Fresken interessant, die aus mehreren Kirchen der Umgebung zusammengetragen wurden. Außerdem Gemälde aus dem 19. Jh. in der Galleria d'Arte.
Broletto, Piazza della Repubblica; Di–Sa 10.30–13 und 16–19 Uhr, Mo, So geschl.

Essen und Trinken

Caglieri ■ a 3
Probieren Sie das Risotto alla novarese in dem klassischen Novara-Lokal.
Via Tadini 12; Tel. 03 21 45 63 73; Fr und 4.–19. Aug. geschl. ★★ DINERS VISA

Giorgio westlich ■ a 2
Berühmt für seine Fischspezialitäten.
Via delle Grazie 2; Tel. 03 21 62 76 47; Mo und 10.–31. Aug. geschl. ★★
AmEx DINERS MASTER VISA

Einkaufen

Jeden Montag und Donnerstag ist Markttag in Novara.

Bottega Walter südwestlich ■ a 3
Superleckere Törtchen, Kekse und Gebäck.
Corso Vercelli 9b

Moroni ■ b 2
Novara ist die Hauptstadt des Gorgonzola, des berühmten Schimmelpilzkäses. In diesem Feinkostladen gibt es Käse in riesiger Auswahl.
Via Negroni

Am Abend

King Club ■ b 3
Der beliebteste Nightclub in Novara.
Via Nebbia 8

Service

Auskunft
APT ■ b 2
Via Dominioni 4; Tel. 03 21 62 33 98, Fax 03 21 39 32 91

Automobilclub ■ a 3
Via Rosmini 36; Tel. 03 21 3 03 21

Bahnhof ■ bc 1
Piazza Garibaldi 5

Erste Hilfe, Krankenhaus ■ b 2–3
Corso Mazzini 18; Tel. 03 21 37 31

Ziele in der Umgebung

Ghemme ■ C 9, S. 114
3810 Einwohner

Ein Besuch in Ghemme lohnt sich vor allem, um das **Ricetto** zu besichtigen, einen alten befestigten Bauernhof mit Kornspeichern und Kellern. Dorthin flüchteten die Bauern der Umgebung, wenn kriegerische Auseinandersetzungen drohten. Um sich vor Plünderungen zu schützen, organisierten sie Gemeinschaften und errichteten diese Höfe (**ricetti**). Das Ricetto in Ghemme ist besonders gut

Oben: Shoppingpause unter schatti-
gen Arkaden – für ein kleines
Schwätzchen hat man in Italien
immer Zeit.

Mitte: Asiatisch angehauchte Impres-
sionen mitten im Piemont. Der Po,
Italiens größter Fluss, bewässert die
Reisfelder in der Umgebung Novaras.

Unten: Der klassizistische Dom
von Novara wirkt etwas überdimen-
sioniert und unterkühlt, lohnt jedoch aufgrund seines sehenswerten
Interieurs den Besuch (→ S. 67).

erhalten, hier kann man noch deutlich die Räumlichkeiten erkennen: Gemeinschaftsräume, Ställe, Kornspeicher, Vorratsräume, Keller. Ghemme stellt übrigens einen ganz eigenartigen Rekord auf: Es hat den höchsten Import von französischem Champagner pro Kopf. Nein, die Bewohner lassen sich nicht maßlos volllaufen, der Champagner wird hier zur Zubereitung einer der besten Essigsorten verwendet.

Ca. 26 km nordwestlich von Novara

Principato di Lucedio 👫

■ B 11, S. 114

Piemont ist in Sachen Reis eine Großmacht: Mit 1,1 Millionen Tonnen Reis produziert die Region jährlich mehr als das restliche Europa zusammen. Wer sich für den Reisanbau interessiert, könnte die Besichtigung eines »Reisguts« einplanen. Principato di Lucedio beispielsweise ist eine ehemalige Abtei, in der bereits die Mönche Reis anbauten. Heute kann man das Gut besichtigen, Reis einkaufen und auf Vorbestellung ein leckeres Risotto-Essen genießen. Die Zeiten von »riso amaro« (»Bitterer Reis«), in denen junge, mondäne Frauen, wie im Film Silvana Mangano, in den Reisfeldern arbeiteten, sind heute übrigens vorbei. Die Arbeit wird von Maschinen erledigt.

Fraz. Lucedio, 8, Trino; Tel. und Fax 0 16 18 15 19; Internet: www.principatodilucedio.it; tgl. außer Mo 15–18 Uhr; Eintritt 5,20 €

Ca. 34 km südwestlich von Novara

Vercelli

■ C 10, S. 114

49 000 Einwohner

Der »König von Vercelli« ist der Reis. Über die Hälfte des italienischen Ertrages kommt aus dem Reisfeldern rund um Vercelli. Handel, Produktion, Landwirtschaft bestimmen den Rhythmus der Stadt. Höhepunkt des Jahres ist der September, wenn der Reis mit einem sehenswerten Fest geehrt wird. Das Ehrenzeichen aus Gold wird an denjenigen verliehen, der sich am meisten um die Reiskultur verdient gemacht hat. Und auch in der Küche spielt der Reis selbstverständlich die Hauptrolle. Vom Antipasto bis zum Eis à la Reis.

Aber auch künstlerisch hat Vercelli, das schon um 900 v. Chr. von keltischen Galliern gegründet wurde, einiges zu bieten. So z. B. die **Basilica Sant'Andrea** (1219–1227). Sie ist eine der wenigen erhaltenen Abteikirchen und eines der bedeutendsten Monumente Piemonts. Im Inneren befindet sich ein wertvolles Grabmal von Tommaso Gallo. Der mächtige Dom **Sant' Eusebio** entstand 1572 nach einem Entwurf von Pellegrino Tibaldi und birgt einen kostbaren Domschatz, die Renaissancekirche **San Cristoforo** beeindruckt mit einem schönen Freskenzyklus von Gaudenzio Ferrari.

Ca. 23 km südwestlich von Novara

Museen

Museo Francesco Borgogna
Das Gemeindemuseum von Vercelli besitzt eine ganz stattliche Sammlung italienischer Gemälde, u. a. von Tizian, Carracci, Palma d. Ä., und zeigt Fundstücke aus dem Gebiet von Vercelli.

Via Borgogna 8; Di–Fr 15–17, Sa, So 9–12 Uhr; Eintritt frei

Essen und Trinken

Il Giardinetto M
Hier kann man leckeres Risotto und dessen gehaltvolle Schwester **panissa** kosten. **Panissa** ist eine Art Reiseintopf mit Gemüse, Speck, Bohnen, Wurst, Mortadella.

Via Sereno 3; Tel. 01 61 25 72 30; tgl. außer Mo, im Aug. geschl. ★★

Enge Gassen, steile Treppen, dunkle Bogengänge lauschige Plätzchen, prächtige Adelspaläste – willkommen im Mittelalter, willkommen im Siena Piemonts.

Saluzzo

■ C 14, S. 116

17 900 Einwohner

Saluzzo präsentiert sich dem Besucher wie ein Stich aus dem Mittelalter, überragt von der schneebedeckten Felspyramide des 3840 m hohen **Monviso**. »Re di pietra« – König aus Stein, nennen sie hier den Berg, an dessen Nordflanke der Po entspringt, Italiens längster Fluss (652 km). Lange Zeit war Saluzzo die Hauptstadt des gleichnamigen Markgrafen, die sich hier eine Residenz aufbauten und Kunstschätze anhäuften. Seine Glanzzeit als unabhängige Markgrafschaft erreichte das Städtchen im Schatten des Steinkönigs zwischen dem 12. und 16. Jh. Seinen Namen verdankt Saluzzo übrigens dem milden Klima und dem weichen Licht »Salute e Luce«. Das Saluzzo von heute besteht aus der modernen Unterstadt mit der Hauptstraße Corso Italia und der stillen, malerischen Oberstadt hoch auf dem Berghang mit niedrigen Säulengängen und alten Palazzi.

Nicht entgehen lassen sollte man sich einen Besuch auf dem pittoresken **Markt** unter den Portici Scuri, wo Bauern der Gegend seit 1170 ihre Produkte anbieten. Und dort findet man auch die kleine Taverna »Di Porti Scur«, deren Ursprünge sich bis ins 15. Jh. zurückverfolgen lassen.

Bekannt ist Saluzzo auch für seine Kunsttischler- und Intarsienwerkstätten und seine Antiquitätengalerien. Jedes Jahr im September zieht die **Mostra dell'antiquariato e del mobile artistico** Besucher aus ganz Italien

nach Saluzzo. Und jeden zweiten Sonntag im Juni beschwört Saluzzo für einen Tag mit Kostümen und Handwerksständen das Mittelalter wieder herauf. Berühmt ist auch der Karneval in Saluzzo, an dem sich die gesamte Region beteiligt.

Hotels/andere Unterkünfte

Astor
Einfaches, gemütliches Frühstückshotel gleich hinter dem Dom.
Piazza Garibaldi 39; Tel. 0 17 54 55 06,
Fax 0 17 54 74 50; 25 Zimmer ★

Spaziergang

Der erste Blick in Saluzzo sollte der hübschen Oberstadt auf dem Berghang gehören, zu der Sie durch die **Porta Santa Maria** kommen. Dann stehen Sie auch gleich auf der **Piazza Risorgimento** mit dem Dom Santa Maria. Lassen Sie die geheimnisvolle Atmosphäre im Inneren auf sich wirken, anschließend bringt Sie die **Via San Giovanni** zur Kirche San Giovanni und zur Casa Cavassa mit dem Museo Civico. Wenn Sie die Sehenswürdigkeiten besichtigt haben, streifen Sie am besten ein wenig durch die Altstadtgassen. Ganz unvermutet mündet ein Bogengang auf ein lauschiges Plätzchen oder Sie stehen plötzlich vor einem mittelalterlichen Palazzo. In der Unterstadt könnten Sie den **Corso Italia** entlang bummeln, sich in den vielen Boutiquen mit italienischer Mode eindecken und im Caffè Almont (Corso Italia) die herrliche Mandeltorte kosten.

Sehenswertes

San Giovanni

Hauptattraktion der ursprünglich aus dem 13. Jh. stammenden Kirche San Giovanni, die 1472, als der Baueifer in Saluzzo seinen Höhepunkt erreichte, vergrößert wurde, ist der aus Kalksteinquadern gemauerte Chor. In einer Nische befindet sich das Grabmal des Markgrafen Ludovicos II, das ihn liegend auf einem Marmorsarg zeigt. Sehenswert sind auch der palmengesäumte Kreuzgang und der Kapitelsaal.
Via San Giovanni; tgl. 8–12 und 15–18 Uhr

Santa Maria Assunta

Der Dom Santa Maria Assunta wurde 1491 im Auftrag von Markgraf Ludovico II errichtet und gilt als letztes Werk der Gotik im Piemont. Der Innenraum wird durch Pfeiler unterteilt, die verschiedenen Stilen zuzuordnen sind.
Piazza Risorgimento; tgl. 8–12 und 15–18 Uhr

Museen

Museo Civico

Möbel aus dem 15. und 16. Jh., Büsten, Gemälde – das Museum im ehemaligen herrschaftlichen Wohnsitz der Familie Cavassa zeigt eine Originaleinrichtung im Stil der Renaissance.
Casa Cavassa, Via San Giovanni 5; tgl. außer Mo 10–13.30 und 14–18 Uhr; Eintritt 3,50 €

Essen und Trinken

L'Ostü dij Baloss

Kleine Osteria im Herzen der Stadt mit großer Weinkarte, leckeren Antipasti und einer gewaltigen Käseauswahl.
Via Gualtieri 38; Tel. 01 75 24 86 18; tgl. außer So, Mo ★ ★ AmEx DINERS MASTER VISA

Taverna di Porti Scur

Deftige Hausmannskost wird hier bereits seit dem 15. Jh. aufgetischt.
Via Volta 14; Tel. 0 17 54 19 61; Mo geschl.
★ ★

Einkaufen

Bruno Collovati

Hübsche Silberarbeiten.
Via Spielberg 49

Caseificio San Martino

Reiche Auswahl an Piemonteser Käsesorten: Bra, Toma, Raschera.
Corso Piemonte 129

Service

Auskunft
APT
Via Griselda 8; Tel. 0 17 54 67 10, Fax 0 17 54 67 18

Ziele in der Umgebung
Abbazia di Staffarda

◼ C 13, S. 116

Die Zisterzienserabtei Staffarda wurde 1135 gegründet und war einst ein bedeutendes Organisationszentrum für Landwirtschaft und Handel. 1690 wurde sie beschädigt und musste weitgehend restauriert werden. Von der dreischiffigen Kirche im romanisch-gotischen Stil ist noch die original romanische Fassade mit gotischem Portikus erhalten, innen sind ein geschnitzter Holzaltar, eine Holzkanzel und bemalte Holzskulpturen sehenswert. Auf dem Altar befindet sich ein um 1531 bemaltes Polyptychon von Oddone Pasquale. Vom antiken Kloster sind der Kreuzgang und der gotische Kapitelsaal erhalten.
Staffarda; im Sommer tgl. außer Mo 9–12.30 und 14.30–18 Uhr, im Winter 9–12.30 und 14–17 Uhr; Eintritt frei
Ca. 15 km nördlich von Saluzzo

Castello della Manta 👫
■ C 14, S. 116

Rund 6 km von Saluzzo entfernt erhebt sich das Castello della Manta, ein prachtvolles Beispiel höfischer Gotik mit einem großartigen Freskenzyklus. Das mächtige, nach außen stark befestigte Castello, das den kleinen gleichnamigen Ort überragt, stammt aus dem 14. Jh. Es gehörte zu einer Reihe von Burgen, angelegt von den Markgrafen von Saluzzo. Im 15. Jh. wurde es zu einer Residenz ausgebaut, Ende des 16. Jh. erweitert und prachtvoll dekoriert. Höhepunkt ist der große Festsaal, den zwei Fresken aus dem 15. Jh. schmücken. Diese gehören zu den wichtigsten Beispielen der piemontesischen höfischen Gotik und wurden von Giacomo Jaquerio gemalt. Das erste Fresko orientiert sich an den Figuren des Ritterromans »Le Chevalier errant« von Tommaso III von Saluzzo: neun Helden in Begleitung von neun Heldinnen in raffinierter französischer Kleidung. Das zweite ist eine allegorische Darstellung der jugendlichen Lebenskraft durch das Symbol des Jungbrunnens. Die Burgkapelle ist mit einem Freskenzyklus der Passion Christi geschmückt.

Via al Castello, Manta; Tel. 0 17 58 78 22; Feb.–Sept. tgl außer Mo 10–13 und 14–18 Uhr, Okt.–Dez. bis 17 Uhr, im Jan. geschl.

Essen und Trinken

La Piola del Barbon M
Gemütliche Osteria mit wunderbar gewürztem Wildschwein, Lamm oder Kaninchen auf der Speisekarte.
Via Garibaldi 190, Manta;
Tel. 0 17 58 80 88; tgl. außer Di, Mi ⭐
AmEx DINERS MASTER VISA

Die bizarren Gesteinsformationen werden liebevoll »ciciu« genannt, abgeleitet von dem Wort »fantoccio« für Puppe oder Hampelmann.

»Ciciu« von Villar
■ C 14, S. 116

In der Nähe von Dronero erwartet Sie ein seltenes geologisches Phänomen: 75 bis zu 2 m hohe Säulen, jede geformt aus einer braunen Gesteinsmasse, genannt ciciu. Die wissenschaftliche Erklärung: Erdpyramiden, die das Ergebnis von Erosion sind. Die alles andere als wissenschaftliche Erklärung: Die Männer, die den Evangelisten Costanzo verfolgt haben, der in Villar San Costanzo den Märtyrertod erlitten hat, wurden zur Strafe in Stein verwandelt.

Ca. 22 km nordwestlich von Cuneo

Savigliano
■ D 14, S. 117

18 700 Einwohner

Der ganze Stolz Saviglianos, errichtet als freie Kommune im Jahr 1200, ist sein Marktplatz. Die **Piazza Santa Rosa**, gesäumt von kunterbunten Häusern aus dem 13. Jh., überragt vom Rathausturm **Torre del Comune** aus dem 13. Jh., dem Wahrzeichen des Ortes, gilt als eine der schönsten Plätze Italiens.

Ca. 13 km östlich von Saluzzo

Wild und gezähmt, alpin und mediterran – der Lago Maggiore am nordöstlichen Ende der Region Piemont ist ein See mit vielen Gesichtern.

Ein mildes Klima, einzigartige Villen und Gärten, Luxushotels, international bekannte Ferienorte mit palmengesäumten Uferpromenaden und die zauberhaften **Borromäischen Inseln** machen den Lago Maggiore zu einem beliebten Urlaubsziel.

Der nach dem Gardasee zweitgrößte See Italiens ist 65 km lang, im Schnitt 4,5 km breit und erstreckt sich auf einer Fläche von 216 qkm. Entstanden ist der »Langensee« durch eiszeitliche Gletscher, die das Seebett geschaffen haben, bedeutendste Zuflüsse sind der Ticino und der Maggia-Fluss.

Piemont, Lombardei und die Schweiz teilen sich das Landschaftswunder. Das »reiche Westufer« mit Verbania, Stresa und den Borromäischen Inseln gehört zu Piemont, das herbere, vom Tourismus noch nicht ganz so eroberte Ostufer zur Lombardei, das obere Fünftel mit Ascona und Locarno zur Schweiz.

Den Lago Maggiore mit dem Auto zu umfahren lohnt sich nicht wirklich. Die Uferstraße entlang des Sees ist kurvig und voll. Es empfiehlt sich, zwischendurch auf die Fähre zu wechseln. Insgesamt sind sechs Fähren auf dem See unterwegs, eine Autofähre verbindet das Ost- mit dem Westufer von Intra nach Laveno (alle 30 Minuten). Die Fahrpläne ändern sich mit den Jahreszeiten, erhältlich sind sie in den Fremdenverkehrsämtern und an den Anlegestellen. Wer sein Ticket erst an Bord der Fähre löst, muss zehn Prozent mehr bezahlen. Alle Motorboote

haben ein Restaurant an Bord. Im Sommer werden auch Kreuzfahrten angeboten. Die Dampfer starten in Arona. In Stresa und Verbania bieten Privatunternehmer Wassertaxis für Fahrten zu den Inseln an. Informationen zur Schifffahrt auf dem Lago Maggiore: Viale Francesco Baracca 1, Arona; Tel. 0 32 24 66 51; Landungssteg Tel. 03 22 24 23 52, sowie übers Internet www.navigazionelaghi.it, wo man sogar einen virtuellen Rundgang in einem Schiff machen kann.

Verbania ▪ E 3, S. 111

32 000 Einwohner

Verbania ist die größte Stadt am **Lago Maggiore**, entstanden 1939 durch die Vereinigung von **Pallanza** und **Intra**, zwei Stadtteile, die unterschiedlicher nicht sein könnten.

Pallanza war bis ins 1. Jh. n. Chr. Privatbesitz der julisch-claudischen Kaiser; das heutige Pallanza, in großartiger Panoramalage am Fuß des Monte Rosso, zählt mit den prachtvollen Parkanlagen, vor allem der **Villa Taranto**, zu den reizvollsten Ferienorten am Lago Maggiore.

Intra, das seinen Namen seiner Lage zwischen den Gebirgsflüssen San Bernardino und San Giovanni verdankt, ist das größte Handelszentrum am See. Handel und Industrie prägen das Bild dieses Stadtteils, man spürt, Intra ist nicht abhängig vom Tourismus. Die Verbindung zwischen den beiden Stadtteilen ist der gewaltige Park der Villa Taranto. In Verbania beginnt die **Riviera** des **Lago Maggiore**.

Oben: Auf dem Wochenmarkt von Intra können Sie sich mit piemontesischen Käse- und Wurstspezialitäten eindecken.

Mitte: Verbania ist die größte Stadt am Lago Maggiore (hier die Piazza Garibaldi).

Unten: Genießen Sie am Lago Maggiore die schönen Ausblicke über den See und die imposante Berglandschaft (hier bei Cannobio).

Hotels/andere Unterkünfte

Belvedere
Aufstehen mit Panoramablick auf den Lago Maggiore – im Hotel »Schöne Aussicht«.
Piazza Imbarcadero; Tel. 03 23 50 32 02, Fax 03 23 50 44 66; 52 Zimmer ★★
AmEx DINERS VISA

Majestic
Majestätisch thront es am Ufer des Sees, das Majestic mit Garten direkt am Wasser. Bei schlechtem Wetter kann man sich im Schwimmbad, in der Sauna oder beim Tennisspielen die Zeit vertreiben.
Via Vittorio Veneto 32; Tel. 03 23 50 43 05, Fax 03 23 55 63 79; 119 Zimmer ★★★
AmEx DINERS MASTER VISA

Piccolo Lago 👙👙
Eine gute Adresse für Wassersportler; im hoteleigenen Strandbad kann man schwimmen und wunderbar relaxen.
Via F. Turati 87; Verbania Fondotoce; Tel. 03 23/49 60 45, Fax 03 23 49 63 13; 12 Zimmer ★★ AmEx DINERS VISA

Sehenswertes

Giardini di Villa Taranto 👙👙
Es grünt und blüht und duftet, dass es eine Freude ist, und das zu jeder Jahreszeit. Über 20 000 verschiedene Pflanzenarten können Sie in diesen Gärten bewundern. Allein an Rhododendren sind 500 verschiedene Arten zu entdecken. Der Naturfreund, der diese prachtvollen Gärten anlegen ließ, war Neil McEarcharn, ein schottischer Edelmann, der 1931 das 20 ha große Gelände kaufte und einen botanischen Garten daraus machte. Nach seinem Tod 1964 gingen die Gärten in den Besitz des italienischen Staates über. Ein einmaliges Erlebnis ist der Parkbesuch im Frühjahr. Nicht umsonst heißt die Woche zwischen April und Anfang Mai Settimana del Tulipano, Tulpenwoche: Sie spazieren durch ein Meer von Tulpen (über 80 000).
Via Vittorio Veneto (Pallanza); Tel. 03 23 40 45 55; Internet: www.villataranto.it/ April–Okt tgl. 8.30–19.30 Uhr

Madonna di Campagna
Die etwas außerhalb von Verbania gelegene Kirche war ursprünglich romanisch, wurde dann 1519 bis 1527 im Stil der Renaissance umgestaltet. Besonders schön im Inneren: die Säulengalerie mit der achteckigen Kuppel und Fresken aus dem 15. bis 17. Jh. Das sehenswerte Bild der Madonna delle Grazie stammt aus dem 13. Jh.
Via Madonna di Campagna

Palazzo Viani-Dugani
Ein schöner Stadtpalazzo im Barockstil, heute ist darin das lokale **Museo Storico-Artistico del Verbano e del Paesaggio** (→ s. u.) untergebracht.
Via Marconi

Via San Remigio
Den Garten der Träume wollten eine irische Malerin und ein neapolitanischer Dichter auf den Hügeln der Castagnola schaffen. Unter großem Presse-Echo wurde der Park der Villa 1916 für Besucher zugänglich gemacht. Er ist unterteilt in verschiedene Abschnitte: »Garten der Gebete«, »Garten der Betrübnis«, »Garten der Erinnerung«.

Museen

Museo Storico-Artistico del Verbano e del Paesaggio
Archäologische Funde aus der Umgebung Verbanias; außerdem eine Gemälde- und Skulpturensammlung mit Werken vorwiegend aus dem 19. und 20. Jh.
Via Marconi; tgl. außer Mo 10–12 und 14.30–18 Uhr; Eintritt 4,20 €

Essen und Trinken

Il Torchio
Probieren Sie unbedingt die berühmte Fischspezialität des Lago Maggiore, **filetti di pesce persico**.
Via Manzoni 20 (Pallanza);
Tel. 03 23 50 33 52; Mo und 20. Juni–20.
Juli geschl. ★★ AmEx DINERS MASTER VISA

Milano
Einladende Terrasse mit Blick auf den See, gute Fischgerichte.
Corso Zannitello 2 (Pallanza); Tel.
03 23 55 68 16; Di, im Jan. und 3.–9. Juli
geschl. ★★

Am Abend

La Playa
Hier wird bei fetziger Musik das Wochenende durchgetanzt.
Via Vittorio Veneto 122

Pigalle
Sanfte Musik und gute Cocktails.
Piazza Garibaldi 32

Service

Auskunft
APT
Corso Zanitello 6/8; Tel. 03 23 50 32 49,
Fax 03 23 50 77 22

Ziele in der Umgebung

Alagna ■ B 3, S. 110
450 Einwohner

Ein lohnendes Ausflugsziel, wenn auch etwas abgelegen, ist das Bergdorf Alagna zu Füßen des Monte Rosa, dem zweithöchsten Berg der Alpen. Alagna ist eines der hübschesten Bergdörfer im Tal der Sesia. Im Dorf, das in 1200 m Höhe und damit im höchst gelegenen Teil des Piemont liegt, lebt eine alte Walser-Gemeinde, gegründet im 13. Jh. von Deutschschweizern, die noch heute altdeutschen Dialekt sprechen. In Alagna scheint die Zeit stehengeblieben, hier werden noch jahrhundertealte Traditionen gehegt und gepflegt. Sie finden Ausdruck in Prozessionen, im Blumenschmuck, in Trachten.

Lust auf Gletschereis? In Alagna gleich neben der Bar Mirella startet alle 20 Minuten eine Seilbahn, die Sie in Gondeln in rund 20 Minuten auf den berühmten **Indren-Gletscher** bringt. Oben erwartet Sie Skivergnügen total. Vom 3200 m hohen Gletscher kann man dann weiter das Monte-Rosa-Massiv ersteigen. Die Hänge unterhalb des Monte-Rosa-Gletschers sind ein El Dorado für Tiefschneefans.
Ca. 83 km westlich von Verbania

Museen

Walsermuseum M M
Wer sich für die Kultur und Tradition der Walser interessiert, sollte einen Blick in dieses liebevoll gestaltete, sehr atmosphärische Museum werfen. Im Untergeschoss ist eine kleine Bibliothek eingerichtet. Leider ist das Museum mangels Personal nur am Wochenende geöffnet.
Fraz. Pedemonte; Tel. 01 63 92 29 35;
Sa, So und an Feiertagen 14–18 Uhr

Essen und Trinken

Unione
Im Gemeindehaus, dem Treffpunkt der Einheimischen, verspeist man an langen Tischen traditionelle Gerichte wie valesianische Kartoffelnudeln und geräuchertes Hirschfleisch.
Fraz. Pedelegno; Tel. 01 63 92 29 30;
tgl. außer Mo ★

Service

Auskunft
Informazione Turistica
Piazza Grober 1; Tel. 01 63 92 29 88

Arona
■ D 4, S. 111

15 500 Einwohner

Was für New York die Freiheitsstatue, ist für Arona die **Statue des heiligen Carlo Borromeo**. Dem beliebten Kardinal (1538–1584), der schon mit Anfang 20 Erzbischof von Mailand war, widmete die Stadt am südlichen Ende des Lago Maggiore auf einem Hügel eine riesige Statue aus Kupfer und Bronze. Sie ist 23,40 m hoch, wurde 1697 von Bernardo Falconi und Siro Zanelli geschaffen und hat im Inneren eine Treppe, die in den Kopf der Statue führt. Durch Carlos Augen hat man einen traumhaften Blick bis ins Varesotto. Im Ort selbst sind die Kollegiatskirche **Santa Maria** aus der Renaissance mit einem Polyptychon von Gaudenzio Ferrari (1511), die Kirche **Santi Martiri** mit Barockfassade, klassizistischem Innenraum mit einem Tafelbild von Bergognone und die Kirche **Madonna di Piazza**, die Tibaldi zugeschrieben wird, interessant.

Arona ist auch ein günstiger Ausgangspunkt für Schiffsausflüge auf dem Lago Maggiore.

Ca. 46 km südlich von Verbania

Essen und Trinken

Taverna del Pittore
Sie sitzen auf der lauschigen Terrasse, das Wasser platscht in kleinen Wellen gegen das Ufer, der Fisch duftet auf dem Teller nach frischen Kräutern – was will man mehr?
Piazza del Popolo 39; Tel. 03 22 24 33 66; Mo, 15. Jan., 15.–30. Juni, 20. Dez. geschl.
★ ★ ★ AmEx DINERS MASTER VISA

Vecchia Arona
Auch hier sollte man sich von den lecker zubereiteten frischen Fischgerichten verführen lassen.
Lungolago Marconi 17; Tel. 03 22 24 24 69
★★

Baveno
■ D 3, S. 111

4500 Einwohner

Vor allem Thermalquellen und Marmor haben diesen Ferienort am Westufer des Lago Maggiore berühmt gemacht. Der weiße und rote Marmor, der bis heute aus den Steinbrüchen Bavenos gebrochen wird, wurde bereits im Mittelalter als Baumaterial für bedeutende Bauwerke wie dem Petersdom in Rom verwendet.

Die heilende Wirkung der örtlichen Thermalquellen (**Fonti di Baveno**) soll schon Richard Wagner genossen haben. Wenn Sie es ihm gleichtun wollen, können Sie dies z. B. im Hotel **G. H. Dino**.

In Baveno selbst sind die Pfarrkirche **Santi Gervasio e Protasio** mit der teilweise bemalten Steinfassade aus dem 12. Jh. und die **Villa Ferora** mit einem hundertjährigen Park einen Besuch wert.

Ca. 20 km südwestlich von Verbania

Hotels/andere Unterkünfte

G. H. Dino
Im Thermalbad kuren oder einfach nur im Himmelbett träumen – beides geht im Hotel G. H. Dino ganz wunderbar.
Via Garibaldi 20; Tel. 03 23 92 22 01, Fax 0 32 30 92 45 15; 320 Zimmer ★ ★ ★
AmEx DINERS MASTER VISA

Belgirate
■ E 4, S. 111

500 Einwohner

Belgirate, das kleine, aber elegante Örtchen am Lago Maggiore, hat schon zu Beginn des 19. Jh. den Schriftsteller Stendhal bezaubert. Er ließ einige Szenen seines Werkes »Die Kartause von Parma« hier spielen. Im Jahre 1858 gründete der Literat Ruggiero Vonghi den »Verein der Segelregatten«, einen Treffpunkt bedeutender italienischer Persönlich-

keiten. Was heute Rang und Namen hat, übernachtet stilvoll in der **Villa Carlotta**.
Ca. 27 km von Verbania

Hotels/andere Unterkünfte

Villa Carlotta
Ein Palazzo am See.
Via Sempione 121; Tel. 0 32 27 64 61, Fax 0 32 27 67 05; 140 Zimmer ★★★
AmEx DINERS MASTER VISA

Cannero Riviera ■ E 3, S. 111
1230 Einwohner

Palmen, Platanen, Zitronen und sogar Bananen wachsen in Cannero Riviera, einem der zauberhaftesten und weniger bekannten Örtchen am Lago Maggiore. Das Wachstum tropischer Früchte verdankt der Ort hinter der schweizerisch-italienischen Grenze dem milden Klima und seiner geschützten Lage in einer kleinen Bucht. Von Cannero bieten sich zwei hübsche Ausflüge an: Wer mag, kann sich ein Boot mieten und zu den beiden Miniaturinseln **Castelli di Malpaga** schippern. Die Festungen waren Fluchtburgen der gefürchteten Mazzardis, die Ende des 14. Jh. die Gegend in Angst und Schrecken versetzten. Heute sind nur noch Ruinen geblieben. Wer lieber etwas Höhenluft schnuppern möchte, fährt die Bergstraße von Cannero hoch zu dem Dörfchen **Trarego**. Belohnt wird man mit einem Traumblick über den See.
Ca. 13 km nordöstlich von Verbania

Essen und Trinken

Ca'Bianca
Hier gibt es frische Seefische. Schöner Blick auf die Castelli di Malpaga.
Via Casali 1; Tel. 03 23 78 80 38; Mo geschl. ★★ AmEx DINERS MASTER VISA

Cannobio ■ E 3, S. 111
5170 Einwohner

Nur 5 km von der Grenze zur Schweiz entfernt am Westufer des Lago Maggiore liegt Cannobio im flachen Delta des gleichnamigen Gebirgsbachs. Es wurde von den Römern gegründet und besitzt eine hübsche Altstadt mit kleinen Gässchen. Interessant ist vor allem die Wallfahrtskirche **Santa Pietà** an der Schiffsanlegestelle. Sie wurde 1571 nach Plänen von Tibaldi erbaut und enthält ein wundertätiges Gnadenbild, das Jesus, Johannes und Maria zeigt. Wenn Sie übrigens einen Ausflug nach Cannobio an einem Sonntagmorgen planen und sich über den Andrang in dem kleinen Städtchen wundern – der Grund für die Menschenmassen ist nicht etwa eine Prozession, sondern der Markt von Cannobio und die Geschäfte, die am Sonntag bis mittags geöffnet sind. Wer auf Schnäppchenjagd gehen möchte, sollte so früh wie möglich kommen. Parkplätze sind natürlich Mangelware, daher müssen Sie damit rechnen, Ihren Wagen weit außerhalb abstellen zu müssen. Wer sich für kulinarische Spezialitäten interessiert, wird auf dem Lebensmittelmarkt am Donnerstagmorgen fündig. **I luganeghitt**, eine hiesige Spezialität, sollten Sie unbedingt probieren – bestellen Sie dieses Gericht in einer der vielen Trattorie und lassen Sie sich überraschen.

Hotels/andere Unterkünfte

Pironi M M
Hübsche, rustikal eingerichtete Zimmer, teilweise mit Seeblick, in einem ehemaligen Kloster. Heiß begehrt, unbedingt rechtzeitig reservieren.
Via G. Marconi 35; Tel. 0 32 37 08 71, Fax 0 32 37 23 98; 12 Zimmer ★★
AmEx DINERS MASTER VISA

Essen und Trinken

Del Lago

Eine der besten Adressen am See, bei schönem Wetter kann man auf der Terrasse sitzen.

Via Nazionale 2; Tel. 0 32 37 05 95; Di, Mi geschl. ★ ★ ★ AmEx DINERS MASTER VISA

Ghiffa ■ E 3, S. 111

200 Einwohner

Wer ein wenig Ruhe am Lago Maggiore sucht, für den ist Ghiffa eine gute Alternative zu den turbulenten Uferorten. Das Städtchen liegt in einer zauberhaften Landschaft knappe 8 km von Verbania entfernt und bietet außer hübschen und nicht ganz so hochpreisigen Unterkünften traumhafte Wandermöglichkeiten. Rund um den **Sacro Monte** von Ghiffa verlaufen zahlreiche Spazierwege. Auf den meisten genießen Sie beim Spazieren einen herrlichen Blick auf den Lago Maggiore und den **Piccolo Lago delle Streghe**, einen kleinen Bergsee, dessen Wasser im Sommer verdunstet. Der heilige Berg von Ghiffa ist unvollendet geblieben, fertig gestellt wurden nur drei Kapellen und der Laubengang des Kreuzgangs. Das 1987 eingerichtete Naturschutzgebiet soll den Gebäudekomplex und das Waldgebiet schützen. Entlang der Spazierwege entdeckt man viele kleine Votivkapellen, ein Zeichen der religiösen Prägung dieser Gegend.

Hotels/andere Unterkünfte

Castello di Frino

Hübsche Zimmer in einem ehemaligen Schloss aus dem 17. Jh. mit Garten direkt am See.

Via Cristoforo Colombo 8; Tel. 0 32 35 91 81, Fax 0 32 35 97 83; 14 Zimmer ★ ★
AmEx DINERS MASTER VISA

Gignese ■ D 3, S. 111

800 Einwohner

In Gignese, einem Städchen in Panoramalage an den Hängen des Mottarone, hat man dem Schirm gleich ein ganzes Museum (**Museo dell'Ombrello**) 👫 gewidmet. Zu bewundern sind Regen- und Sonnenschirme aus der Zeit von 1840 bis 1940.

April–Sept. tgl. außer Mo 10–12 und 15–18 Uhr; Eintritt 4,50 €

Isole Borromee 👫 ■ D 3, S. 111

Die Natur hat sie mit Klippen geschmückt, mit üppiger Vegetation überzogen und mit einem milden Klima beschenkt, der Mensch hat daraus ein Meisterwerk gemacht – oder besser Graf Borromeo, ein Spross der steinreichen Mailänder Familie Borromeo. Er plante die Umwandlung der **Isola Bella**, der berühmtesten der Borromäischen Inseln, zu einem Kunstwerk, ließ den Palast bauen und den prachtvollen Garten anlegen (1650–1671).

Ergebnis: der **Palazzo Borromeo** mit Napoleon-Saal (der Korse übernachtete dort 1797), Luca-Giodano-Saal mit Meisterwerken des Malers, Tuffsteingrotten, muschelbedeckten Wänden und Spiegeln aus schwarzem Marmor und dem Gobelin-Saal mit aus Goldfäden handgewobten Gobelins (16. Jh.). Vom Fenster aus haben Sie einen wunderbaren Blick über den terrassenförmig angelegten Garten, ein barockes Meisterwerk mit Akazien, Orangenbäumen, Agaven, steinernen Skulpturen, Brunnen, Lauben, Pfauen – das Paradies auf Erden?

Die **Isola Madre** ist die größte der Inseln, auch sie mit Borromeo-Palazzo und prachtvoller Gartenanlage, die als eine der ältesten und bedeutendsten Anlagen Italiens gilt. 1501 kam die Mutterinsel in den Besitz

Oben: Wer kann hier schon wider-
stehen? Cremiges Gelato gehört zum
Italienurlaub einfach dazu.

Mitte: Wie ein großes Schiff erhebt
sich der Palazzo Borromeo aus dem
Wasser – unbestritten einer der spektakulärsten Barockpaläste Italiens.

Unten: »Ein Ort unvergleichlichen
Zaubers« (Alexandre Dumas) und
ein Meisterwerk der Landschafts-
gestaltung: die Isola Bella.

des Grafen Borromeo, im 19. Jh. wurde sie zu einem exotisch-botanischen Garten umgestaltet: afrikanische Agaven, Himalaya-Zypressen, Bambushain. Im Palazzo aus dem 16. Jh. befindet sich eine Keramik- und Puppensammlung.

Die **Isola dei Pescatori** fällt aus dem künstlerisch-gestalterischen Rahmen. Sie ist eine kleine Welt für sich. Enge Gassen, bescheidene Fischerhäuschen, romantische Atmosphäre – natürlich nur, wenn sich nicht gerade die Touristen in Massen durch die Gassen wälzen. Wenn Sie die Romantik ausgiebig genießen möchten, können Sie dies im Hotel **Verbano** tun.

Die **San Giovanni**-Insel, die Vierte im Bunde, liegt vor dem Ostufer der Borromäischen Bucht und ist in Privatbesitz.
Besuchszeiten: Isola Bella und Isola Madre: März–Okt. 9.30–12 und 13.30–17 Uhr

Hotels/andere Unterkünfte

Verbano
Isola dei Pescatori
Tel. 0 32 33 04 08, Fax 0 32 33 31 29;
Dez.–18. März geschl.; 12 Zimmer ★★★
AmEx DINERS MASTER VISA

Lago d'Orta ◼ D 3–4, S. 111

Der kleine Nachbar des Lago Maggiore: »Stellt euch einen Reisenden vor, der, müde von den tausend reichen Eindrücken Brasiliens, Italiens und Indiens in sein Vaterland zurückkehrt und auf seinem Weg einem entzückenden See begegnet, dem Orta-See, mit einer verloren auf dem stillen Wasser liegenden Insel, zierlich und einfach, primitiv und bequem, einsam und gut ausgestattet. Das Prunkvolle und sein Getümmel liegen entfernt, seine Proportionen werden wieder menschlich.« Dieses war der erste Eindruck des französischen Schriftstellers Honoré de Balzac.

10

Zwischen Hügeln eingebettet, vom **Monte Mottarone** überragt, ist der 13 km lange und ca. 1,5 km breite Orta-See ein wahrhaft idyllischer Anblick. Wenn auch der Schein trügt, die Wasserqualität des Lago d'Orta lässt leider zu wünschen übrig. Bleiben wir also besser beim Anblick. Hauptattraktion am Ostufer ist **Orta San Giulio**, ein Städtchen auf der Landzunge mit prächtigen Herrschaftshäusern, kopfsteingepflasterten Gassen, schmiedeeisernen Gittern, dem Palazzo della Comunità und dem mit Arkaden geschmückten Rathaus aus dem 16. Jh. Das Örtchen ist verkehrsberuhigt, besser Sie parken am Ortsrand. Gute Stube und Treffpunkt zu allen Tages- und Nachtzeiten ist die **Piazza Motta** – übrigens auch der beste Platz für eine Cappuccino-Pause. Nach der Stadtbesichtigung lohnt sich der etwa 40-minütige Aufstieg auf den **Sacro Monte**. Der heilige Berg, 400 m hoch, ist ein Heiligtum für Franz von Assisi. 20 Wallfahrtskapellen aus dem 17. Jh. im Renaissance- und Barockstil zeigen Szenen aus seinem Leben. Man kann den Sacro Monte auch mit dem Auto erreichen, zu Fuß beginnt der ca. 15-minütige Weg gleich hinter der Kirche **Santa Maria Assunta**.

Vom Sacro Monte können Sie den herrlichen Blick auf den Lago d'Orta genießen. Sehen Sie die vorgelagerte Insel in der Mitte des Sees? Dies ist die **Isola di San Giulio**. Die kleine Insel wird von der gleichnamigen Basilika beherrscht, die malerisch inmitten von Terrassengärten steht. Das Innere der ursprünglich romanischen Kirche ist mit Fresken bemalt, enthält eine interessante schwarze Marmorkanzel (1140) und in der Krypta die Reliquien des heiligen Julius in einem Silberschrein. Eine Legende erzählt, dass die Basilika von einem Bischof im Jahr 390 gegründet worden sein soll, der einen Mantel als Fähre und seinen Stock als Ruder nutzte, um zu der Insel zu gelangen. Heute wird es den Touristen leichter gemacht: Schiffe legen in Orta ab, die Überfahrt dauert ca. zehn Minuten.

Hotels/andere Unterkünfte

Orta
Gemütliches Hotel mit Seeblick und freundlichem Service.
Piazza Motta 1, Orta San Giulio;
Tel. 0 32 29 02 53, Fax 03 22 90 56 46;
35 Zimmer ★★ AmEx DINERS MASTER VISA 🐕

San Rocco
Hier hätte es Honoré de Balzac bestimmt auch gefallen: wunderschön gelegenes Hotel mit Blick auf die Insel San Giulio, einer blumengeschmückten Terrasse und einem Swimmingpool zum See, Sauna und – für italienische Hotels eher ungewöhnlich – einem Fitnessraum.
Via Gippini 11, Orta San Giulio; Tel. 03 22 91 19 77, Fax 03 22 91 19 64; 74 Zimmer ★★★ AmEx DINERS MASTER VISA

Essen und Trinken

Antico Agnello
Romantische Trattoria mit köstlichen Vorspeisen.
Via Olina, Orta San Giulio; Tel. 0 32 29 02 59; Di geschl. ★★ AmEx DINERS MASTER VISA

Sacro Monte
Mitten im Grünen sitzen Sie, wenn Sie die Köstlichkeiten kosten, die der Küchenchef zaubert. Lassen Sie sich vom Ober etwas empfehlen und überraschen!
Loc. Sacro Monte; Tel. 0 32 29 02 20; Di und im Jan. geschl. ★★ AmEx DINERS MASTER VISA

Einkaufen

Alessi M M
Alessi-Fabrikverkauf. Es gibt bis zu 15 Prozent Preisnachlass.
Via Privata Alessi, Crusinallo di Omegna

Negri
Piemonteser Spezialitäten, Käse, Wurst, Salami.
Piazza Motta 17, Orta San Giulio

Service

Auskunft
APT
Via Strada Panoramica, Orta San Giulio; Tel. 03 22 90 56 14, Fax 03 22 90 58 00

Monte Mottarone 👫
■ D 3, S. 111

Der Monte Mottarone ist der Hausberg von Stresa. Von seinem Gipfel (1421 m) hat man einen herrlichen Blick – genauer gesagt, einen der schönsten der gesamten Region. An klaren Tagen kann man bis nach Mailand sehen. Auf den Berg führen eine mautpflichtige Straße, eine Schwebebahn und Wanderwege. Ein guter Tipp ist der Berg für alle Mountainbiker: Vom Gipfel bis zum See verläuft eine »Downhillstrecke« (markiert mit L1), die jeden Biker begeistern wird. Wer mag, kann hochradeln, wer seine Kräfte schonen möchte, fährt bequem mit der Kabinenbahn hinauf (tgl. 9–17 Uhr, alle 20 Minuten).

Ganz in der Nähe bei **Alpino** liegt der **Giardino Alpinia**, ein idyllischer botanischer Garten mit seltenen Alpenblumen (tgl. außer Mo 9.30–18 Uhr; Eintritt frei).

Monte Rosso ■ D 3, S. 111

Nur ein paar Kilometer von den überlaufenen Uferpromenaden entfernt kann man am Lago Maggiore Bergeinsamkeit genießen. Der Monte Rosso erhebt sich mit seinen knapp 700 m über dem Borromäischen Golf und bietet den Wanderern ein herrliches Panorama. Von der Piazza Garibaldi in Verbania startet die Viale Azari, die sich in etwa zwei Stunden bis hoch zum Gipfel schlängelt.

Sacro Monte di Varallo
■ C 4, S. 110

Der Sacro Monte von Varallo im Sesia-Tal sollte das neue Jerusalem werden, errichtet für alle Gläubigen, die nicht nach Palästina gehen konnten. Dies war der Plan, den Pater Bernardino Caimi hegte, als er von einer Pilgerreise aus dem Heiligen Land in seine Heimat zurückkehrte. 1493 wurde der Grundstein für die heilige Zitadelle auf einem felsigen Balkon über dem Dorf Varallo gelegt. Der mächtige Gebäudekomplex besteht aus der Kirche Assunta und 44 Kapellen. 800 Statuen und 4000 Figuren auf Fresken stellen die Passion und den Tod Christi dar. Fast drei Jahrhunderte dauerte es, das gewaltige Werk zu beenden, alle Künstler im Sesia-Tal waren daran beteiligt. Der bedeutendste war wohl Gaudenzio Ferrari, einer der wichtigsten Vertreter der italienischen Renaissance.

Das Gebiet des Kalvarienbergs ist in zwei Zonen aufgeteilt. Die erste besteht aus Kapellen mit Darstellungen aus dem Leben Christi von der Verkündigung bis zum Einzug in Jerusalem. Die zweite, zu der man durch die »Goldene Tür« gelangt, hat in der Absicht, Jerusalem nachzubilden, eine städtische Struktur.

Varallo Sesia; Auskunft unter Tel. 0 16 35 39 38
Ca. 46 km südwestlich von Verbania

Stresa 👬
■ D 3, S. 111

4800 Einwohner

Als die Karibik in unerreichbar weiter Ferne war, verbrachte die europäische Prominenz ihren Urlaub am Lago Maggiore und vor allem in Stresa. Der Lack bröckelt ein wenig, die Hotelpaläste sind in die Jahre gekommen, die Belle-Epoque-Queen hat ihre besten Zeiten hinter sich. Dennoch ist Stresa einer der einladendsten Badeorte am See geblieben – mit der schönsten Uferpromenade.

Einen Cocktail an der Bar sollte man sich wenigstens gönnen, eine Übernachtung im Luxushotel »Grand Hotel des Iles Borromees« dürfte für viele zu teuer sein.

Der immer noch elegante Lungomare mündet auf die Piazza Marconi, wo auch die Fährschiffe anlegen.

Gleich am Stadteingang erwartet Sie die **Villa Pallavicino** mit einem wunderbaren Park voller tropischer Pflanzen und einem kleinen Zoo. Ein paar Meter weiter und schon ist man im Zentrum der Stadt und am Hafen. Von dort kann man die drei wunderschönen **Borromäischen Inseln**, Isola dei Pescatori, Isola Bella, Isola Madre, besuchen (→ S. 80). Die Überfahrt dauert ca. zehn Minuten. Doch weiter in Stresa, bummeln Sie das Seeufer entlang und atmen Sie die Atmosphäre, die schon so viele Besucher verzückt hat. Wenn Sie an einer Pasticceria vorbeikommen, probieren Sie die süße Spezialität von Stresa: **margheritine – dolci** in Margheritenform.

Wer sich für Philosophen interessiert, kann in der **Villa Ducale** im Herzen der Stadt das **Centro Studi Rosminiani** besuchen, wo 1855 der Philosoph Antonio Rosmini verstarb. Zu sehen gibt es eine wertvolle Bibliothek mit Rosmini-Werken und Ausstellungsstücke zu seinem Leben (tgl. außer Mo 9–12 und 14.30–18 Uhr, Eintritt frei).

Einen Blick werfen sollten Sie auch auf die Luxusherberge **Grand Hotel des Iles Borromees** – bei den meisten wird es wegen der Übernachtungspreise wohl bei einem Blick bleiben müssen! –, wo sich schon Hemingway wohl fühlte. Luxus pur in einem Palazzo aus dem 19. Jh. direkt am Seeufer, natürlich mit Park, Swimmingpool und allem, was zum Luxusleben gehört. Wenn's fürs Bett nicht reicht: Nehmen Sie einen Cocktail an der Bar!

Ein besonderes Ereignis ist die Musikwoche, die **settimana musicale**, in Stresa. Ende August, Anfang September geben sich seit 1962 einige der bekanntesten Kammer- und Symphonieorchester der Welt ein Stelldichein am Lago Maggiore.
Infos und Tickets: Assoziazione Culturale Settimane Musicali di Stresa, Palazzo dei Congressi, Via Bonghi 4, 28049 Stresa (VB); Tel. 0 32 33 10 95, Fax 03 23 39 03 23
Ca. 26 km südlich von Verbania

Hotels/andere Unterkünfte

Grand Hotel des Iles Borromees
Legendäres Luxushotel am Seeufer.
Lungolargo Umberto I 67; Tel. 03 23 93 89 38, Fax 0 32 33 24 05; 163 Zimmer
★★★★ AmEx DINERS MASTER VISA

La Fontana
Die besten Zeiten des Fontana sind schon ein ganzes Weilchen her, die Sessel in der Lobby schon ein wenig abgesessen, doch davon sollte man sich nicht abschrecken lassen. Wählen Sie ein Zimmer in den oberen Stockwerken mit Blick auf den See.
Via Sempione Nord; Tel. 0 32 33 27 07, Fax 0 32 33 27 08; 20 Zimmer ★★

Essen und Trinken

Piemontese
Traditionsreiches Ristorante im Stadtzentrum.
Via Mazzini 25; Tel. 0 32 33 02 35; Mo geschl. ★★★ AmEx DINERS MASTER VISA

Einkaufen

Jeden Freitagvormittag ist Markt in Stresa.

Caffè Gigli
Hier gibt's die leckeren **margheritine**-Butterteigplätzchen.
Corso Italia 30

Service

Auskunft
APT
Via Canonica 3; Tel. 0 32 33 13 08, Fax 0 32 33 25 61

Auf den Spuren von Bambi durch einen Parco Naturale auf Entdeckungstour gehen, eine Mountainbiketour auf einer der vielen nur wenig befahrenen Panoramastraßen unternehmen oder eine der imposanten reichen Vergnügungsparks. Im Sommer gehört natürlich die Badehose ins Reisegepäck, Frühjahr und Herbst eignen sich für Fahrradtouren, im Winter sollte das Snowboard nicht fehlen.

Burgenexpedition oder Mountainbiketour? Durch Wälder und Höhlen streifen oder am See faulenzen? Auch für die Kleinsten bietet das Piemont jede Menge Abwechslung.

Burgen und Festungen erkunden. Das Piemont ist ein perfektes Urlaubsziel für Familien mit Kindern, kaum eine andere Region bietet so viele natürliche Spielplätze, so viele Schlösser für kleine Prinzessinnen, so viele Burgen für tapfere Ritter, und dann sind da auch noch die zahl-

Besonders kinderfreundlich ist meist der Urlaub auf dem Bauernhof, denn viele Agriturismushöfe bieten zusätzlichen Freizeitservice an: Unterhaltung und Spiele für die Kinder, Ausritte, Fahrradtouren oder gleich kombinierte Reiterferien. Vorteil: Die Kinder haben ihren Spaß, und die Eltern können in aller Ruhe Museen oder Weingüter besuchen. Am Abend trifft man sich dann wieder bei einer großen Portion Spaghetti und erzählt von den Erlebnissen im Piemont.

Sonne und Wasser und ein paar Kieselsteine zum Buddeln – die vielen Seen sind herrliche Spielplätze für Kinder.

Centro Cicogne ■ D 13, S. 117

Über 30 Stelzenfüßler werden in diesem »Storchenzentrum« gehegt und gepflegt. Und trägt der eine oder andere nicht ein Bündel im Schnabel? Racconigi, Via Stramiano 32; tgl. außer So und an Feiertagen 10 Uhr bis Sonnenuntergang; Eintritt frei

Club MTB Action Skill ■ D 7, S. 113

Für die Fortgeschrittenen unter den Mountainbikern.
10051 Avigliana; Tel. 0 11 93 80 97, Fax 0 11 93 80 39

Gianduja-Marionette Lupi ■ c 3

Marionettentheater in Turin.
Via Santa Teresa 5

Internationale Trail- und Mountainbikeschule des Val Sesia
■ C 4, S. 110

Für ein bisschen Action im Urlaub.
Via Isole di Morca 4, 13019 Varallo Sesia; Tel und Fax 0 16 35 37 60

Museo della Marionetta Piemontese ■ c 3

Marionettenmuseum in Turin.
Via Santa Teresa 5; tgl. außer Mo 9–13 Uhr; Eintritt 4 €

Parco del Valentino ■ c 6–d 5

Turins grüner Park am Po-Ufer, in dem man Bootstouren unternehmen kann, Fahrräder ausleihen, eine Ritterburg inmitten einer kleinen mittelalterlichen Ortschaft erkunden und herrlich Picknick machen kann. Vor allem an warmen Tagen ein perfekter Ort für einen schönen Familienausflug (→ S. 26).
Tgl. außer Mo 9–19 Uhr; Auskunft unter Tel. 01 16 69 93 72

Parco Naturale dell'Argentera
■ B 15–C 16, S. 116

Auf einer Fläche von ca. 26 000 ha südlich von Cuneo in den Alpi Marittime beherbergt der Parco Naturale rund 4500 Gemsen, 700 Steinböcke, weiße Hasen, Wildschweine, Füchse, Mufflons und Adler. Auf den vielen ausgeschilderten Pfaden lässt sich also jede Menge entdecken. Der Park ist erst der Anfang eines Projektes, das zum Parco Internazionale delle Alpi Marittime werden soll.

Parco Nazionale del Gran Paradiso
■ C 5, S. 112–D 6, S. 113

Auf 70 000 ha Natur pur. Dazwischen: Hasen, Füchse, Steinböcke, Gemsen, Fasane, Rebhühner, Murmeltiere – wer entdeckt das erste (→ S. 34)?

Zoo Safari del Lago Maggiore
■ E 4, S. 111

Es muss nicht immer Afrika sein: Löwen, Tiger, Affen in freier Wildbahn können auch im Piemont besichtigt werden. Die Besucher werden in Bussen herumgefahren.
Varallo Pombia; auf der Straße Novara-Arona; tgl. außer Di ab 10 Uhr

Es muss nicht immer Meer sein, auch die Seen haben für Wassersportler viel zu bieten. So gibt es in jedem größeren Uferort am Lago Maggiore Windsurf- oder Segelschulen und Ausleihmöglichkeiten. Wer dem nassen Element nicht ganz so zuge-

Der Winter gehört – natürlich – dem Wintersport: Kilometerlange Abfahrten für den alpinen Skifan, Loipen für den Langlauf-Liebhaber, Hochgebirgs- und Heliski für den Spezialisten stehen zur Verfügung. Und dann brennt da noch das Olym-

Segeln und Surfen am Lago Maggiore, Skifahren und Snowboarden in Sestriere oder Trekking in den piemontesischen Alpen – das Piemont lässt für Sportfreaks kaum einen Wunsch offen.

tan ist, kann sich in den Bergen sportlich betätigen – mit Tragriemen, Seilen und Trekking-Ausrüstung oder einfach mit Rucksack und Bergschuhen. Auch immer mehr Radler zieht es ins Piemont. Kein Wunder, gibt es doch unendlich viele nur wenig befahrene Panoramastraßen in herrlicher Landschaft.

pische Feuer: 2006 werden Turin und das Susa-Tal Austragungsorte der Olympischen Winterspiele sein.

Für die ganz Wagemutigen: Einige Täler der piemontesischen Alpen gelten wegen ihrer günstigen geografischen Gegebenheiten als Paradies für Drachenflieger und Paraglider.

Die piemontesischen Alpen sind mit einem Netz von Wander- und Kletterpfaden durchzogen – mit festem Schuhwerk, Rucksack und Kompass sind Sie gut gerüstet.

Bergwandern

Club Alpino Italiano ■ c 3
Für leidenschaftliche Berggeher
gibt es die **GTA** (Grande Traversata
delle Alpi), einen markierten Weit-
wanderweg, der die gesamten
piemontesischen Alpen in ca. 120
Etappen auf einer Gesamtlänge von
1000 km durchzieht (→ S. 97).
Auskunft: Club Alpino, Turin; Via Barbaroux 1; Tel. 0 11 53 30 31

Golf

Piemont verfügt über 20 Golfplätze.
Über das italienische Fremden-
verkehrsamt ENIT (→ S. 101) kann
man eine kostenlose Broschüre an-
fordern.

**Assessorato al Turismo, Sport e
Tempo Libero della Provincia** ■ d 3
Via San Francesco da Paola 3, Turin;
Tel. 0 11 53 51 81

Radsport

Jedes Jahr führen der Giro d'Italia
und die Tour de France durch die Al-
penlandschaft des Piemont. Für fort-
geschrittene Mountainbiker gibt es
unzählige Sandstraßen, **strade bian-
che**, und Karrenwege, **carrareccia**.
Regional- und Staatsbahnen nehmen
in der Regel Räder kostenlos mit.

Wassersport

Segeln, Surfen, Wasserskilaufen –
vor allem am Lago Maggiore kommen natürlich die Wasserratten auf
ihre Kosten, in den größeren Orten
findet man auch entsprechende
Schulen. Die meisten Uferorte ver-
fügen über gut eingerichtete Strand-
bäder, daneben gibt es viele Pools
und Hallenbäder für ungetrübte Ba-
defreuden.
   Reich an Wildbächen, also optimal
für Rafting und Canoying, sind das
Formazza-Tal und der Tocce-Fluss.
Das Flussbecken der Sesia zählt zu
den bedeutendsten Kanu- und Kajak-
gebieten der Welt.

Wintersport

Breite Pisten oder atemberaubende
Abfahrten – Ski und Rodel satt heißt
es in den Ossola-Tälern: Das Formaz-
za-Tal beispielsweise ist ein Abfahrts-
skiparadies und bietet einen 38 km
langen Langlaufparcours. Auch im
Chisone-Tal und den Tälern um Cuneo – Limone Piemonte z.B. hat 80 km
Abfahrtspisten anzubieten – herr-
schen hervorragende Bedingungen.
In Valsesia ist selbst im Sommer
Skisaison auf dem Indren Gletscher.
   Unumstrittene Hochburg des
Winterfuns jedoch ist Sestriere,
Hauptstadt der so genannten
»Milchstraße« mit 400 km Pisten,
118 Skiliften, 900 Kunstschneekanonen, 13 km Langlaufpisten, Skischu-
len, Gletscherführungen (→ S. 35).

Ob hoch hinauf, rund um den See oder vorbei an stolzen Burgen, auf den Spuren von Trüffeln oder Wein – alles ist möglich unterwegs im Piemont.

Das Bergmassiv der piemontesischen Alpen wird Wander- und Kletterfreunde begeistern.

Die Hügel des Monferrato

Asti ○	
	ss457
11 km	
Castell'Alfero ✳	
11 km	
Moncalvo ○	
6 km	
Santuario di Creà ✳	
28 km	
Cocconato ○	
6 km	
Montiglio ○	
25 km	
Asti ○	
31 km	
Canelli ○	
10 km	
Nizza Monferrato ○	
	ss456
27 km	
Asti ○	

Die Hügelfahrt, die im Herbst am schönsten ist, wenn die Trauben geerntet werden, wenn es nach Trüffeln duftet, wenn jedes kleine Dörfchen ein anderes traditionelles Fest feiert, beginnt in **Asti**. Sie fahren Richtung **Moncalvo**; zuerst wird **Castell'Alfero** besichtigt, mit einem großen Barockschloss und der romanischen Kirche Madonna delle Neve wunderschön auf einem Hügel gelegen.

Weiter geht es dann nach **Moncalvo,** das in einer herrlichen Panoramalage zwischen den Tälern des Tamaro und des Po liegt und bekannt ist für seine gastronomischen Spezialitäten. Dann kommen Sie zum **Santuario di Creà.** Der Wallfahrtsort antiken Ursprungs ist Ziel vieler Pilger aus der ganzen Region. 23 Kapellen säumen den Weg hinauf. Wieder auf einem Hügel liegt **Cocconato,** mit 491 Metern der höchste Punkt des Monferrato Astigiano.

Von dort fahren wir nach **Montiglio,** das nächste Dorf inmitten von Weinbergen, wo sich noch ein nahezu intaktes kleines Schloss (geöffnet tgl. außer Mo 10–12 Uhr) verbirgt. Vom so genannten **Monferrato basso** fahren Sie zurück nach **Asti** und weiter ins **Monferrato alto**. Vorbei an **Costigliole d'Asti** und **Agliano** über die liebliche Hügellandschaft nach **Canelli,** der Hauptstadt des Moscato. Letzte Station ist dann **Nizza Monferrato** mit dem interessanten Museo Contadino, in dem Werkzeuge zu besichtigen sind, mit denen anno dazumal die Bauern in dieser Gegend für ihren Lebensunterhalt sorgten.

Dauer: je nach Aufenthalt ein oder zwei Tage;
Karte: → S. 118

Von Turin ins Aosta-Tal

Von der flachen Poebene hoch hinauf in die Alpen: Die A 5 räckelt sich in einem weiten Bogen von Turin bis über die Grenzen des Piemont nach Aosta und bietet jede Menge stolze Festungen am Wegesrand. Parallel zur Autostrada verläuft der Fluss Dora Baltea. Und wo Wasser ist, sind Siedlungen, und diese mussten früher natürlich verteidigt werden. Daher wird beinahe jedes kleine Dorf entlang des Weges von trutzigen Festungen überragt. Wer mag, kann ein Päuschen einlegen und die eine oder andere Burg besichtigen.

Sie starten in **Turin**, dann bringt Sie die A 5 zunächst nach **Ivrea**, gleich daneben, im Nachbarort **Pavone Canavese**, steht schon das erste Kastell. Dicht gefolgt vom mächtigen **Castello di Bard**, das den Eingang des Haupttals der Region Valle d'Aosta erfolgreich bewachte, bis es Napoleon zerstörte. Die gewaltige Militäranlage **Castello di Verres** hoch oben auf einem Felsen lohnt einen Extra-Besuch (tgl. außer Mi 9.30–12 und 14–17 Uhr, Eintritt 5,20 €). Im **Castello d'Issogne**, dem nächsten im Bunde, kann man eine Ausstellung mittelalterlicher Gewänder besichtigen (tgl. außer Mo 9.30–12 und 14–17 Uhr, Eintritt 4,20 €).

Kurz vor Aosta thront in herrlicher Lage das **Castello di Fenis** mit seinem doppelten Mauerring, das häufig für Ritterfilmproduktionen als Kulisse verwendet wird und jede halbe Stunde im Rahmen von Führungen besichtigt werden kann (Mi–Mo 9.30–12 und 14–17 Uhr, Eintritt 5,20 €). Und nun grüßt auch schon der Hauptort der Region **Aosta**, das Rom der Alpen, zwischen schneebedeckten Alpengipfeln. Schnuppern Sie ein wenig von der frischen, klaren Bergluft, schlendern Sie durch die Fußgängerzone, gehen Sie vielleicht ein wenig Likör oder Marmelade einkaufen, bevor Sie die Fahrt zurück ins Piemont antreten.

Turin
45 km
Pavone Canavese

Castello di Bard
33 km
Castello di Verres
A5
2 km
Castello d'Issogne

25 km

Castello di Fenis

10 km

A5

Aosta

Dauer: ein Tag; **Karte:** → S. 113

Auf den Spuren von Wein und Trüffeln

Cuneo ○	
25 km	
ss231	
Fossano ○	
38 km	
Alba ○⸝	
13 km	
Grinzane Cavour ✳	
10 km	
La Morra ○	
7 km	
Barolo ○	
Castello Falletti ✳	
6 km	
Monforte d'Alba ○	
6 km	
Barolo ○	
Alba ↗	

Das traditionelle piemontesische Sprichwort »Andar per Langa« bedeutet, die Kultur, die Gastronomie, die Landschaft des alten Piemont kennen zu lernen. Los geht es in **Cuneo**. Erste Station ist **Fossano**, der Geburtsort Bergognones (Ambrogio da Fossano) mit dem eindrucksvollen Schloss Castello dei Principi d'Acaja (1332), weiter geht es dann nach **Bra** und schließlich ins Herz der Langhe, nach **Alba**, der Hauptstadt der Trüffeln. Hier sollten Sie sich die Zeit nehmen für einen Teller Pasta mit Trüffelsauce – in einem der zahlreichen Ristorante in Alba. Oder Sie machen einen Abstecher zum Schloss von **Grinzane Cavour** und zur dortigen Trattoria. Weiter geht es dann bergauf nach **La Morra**, wo die **Abbazia dell'Annunziata** sehenswert ist. Das dortige Museo dei Vini d'Alba erzählt die Geschichte des Weines und zeigt antike Werkzeuge zur Weinherstellung.

Von der Geschichte des Weins zu einer weiteren Weinstadt: nach **Barolo**. Rubinrot, schwer, aber ausgezeichnet ist der gleichnamige Rebensaft – zu kosten im **Castello Falletti**. Von Barolo können Sie einen Abstecher zu Fuß nach **Monforte d'Alba** unternehmen – dauert gute anderthalb Stunden. Sie verlassen Barolo über die Piazza Caduti della Libertà und folgen dann der Via Ghisolfi. Sie kommen an einer Picknickstelle vorbei, dort biegen Sie in den Wald ein und folgen der weiß-roten Markierung den Hügel hinauf. Gleich sind Sie nun im Reich der Weinberge, die zu dem Weingut Cascina Boschetti gehören. Wer mag, kann hier ein wenig den Weinbauern bei der Arbeit zusehen. Dann marschieren Sie weiter zum Weiler San Giovanni, folgen dann der Teerstraße, die gleich darauf zu dem Hohlweg unterhalb der Cascina Bettola führt. Jetzt kommen schon die ersten Häuser in Sicht, die Hauptstraße an der Wegkapelle führt dann nach Monforte d'Alba. Den Rückweg nach Barolo müssen Sie zu Fuß zurück legen. Barolo und Alba verbindet dreimal täglich Mo–Fr ein Bus.

Mit dem Auto gelangt man von Barolo wieder zurück nach **Alba** und von dort zu einem weiteren Wallfahrtsort des Weines und der Trüffeln, nach **Neive**, das reich an Kirchen aus dem 17. und 18. Jahrhundert ist. Das historische Zentrum von Neive mit romantischen Gässchen und Torbögen rund um den Campanile ist nahezu intakt. Wer das Städtchen näher kennen lernen möchte, könnte einen kleinen Bummel rund um die Piazza Italia und ein wenig Gastro-Shopping einplanen – Neive gilt als eine der großen Schlemmeroasen im Piemont. Spitzenweine findet man im Weingut Giacosa in der Via XX Settembre, ausgezeichneten Grappa führt L´Aromatico an der Piazza Negro. Unbedingt eine Einkehr wert ist das Restaurant »La Contea« in Neive (Tel. 0 17 36 71 26, So abend und Mo geschl.). Weiter geht es dann nach **Mango**. Das mächtige Kastell, das antike Schloss der Markgrafen von Busca, beherbergt die Regional-Önothek. Im Juni feiert man das Fest der Mischlingshunde, der Tabui. Die Promenadenmischungen sollen bei der Suche nach Trüffeln unschlagbar sein ...

Barolo
Alba
13 km
Neive

7 km

Mango

Inmitten einer von Weinbau dominierten Region liegt Barolo, der Ort, der dem berühmten Wein seinen Namen gab (→ S. 40).

Dauer: ein Tag; **Karte:** → S. 117

Radtour um den Lago d'Orta

Schon Honoré de Balsac fand Gefallen an der ruhigen und bescheidenen Anmutung des Orta-Sees zu Füßen des Monte Mottarone.

Der Lago d'Orta, der kleine Bruder des Lago Maggiore, lässt sich in einer schönen, gut dreistündigen Radtour gemütlich umrunden. 36 Kilometer Wegstrecke sind zu bewältigen. Sie lernen jede kleine Bucht des Sees kennen, und am Ende der Tour werden Sie urteilen, ob der Dichter Piero Chiara, der den See als »Aquarell Gottes« bezeichnete, Recht hatte.

Das Auto parkt man am besten auf einem der großen Parkplätze am Seeufer. Wer sein Fahrrad nicht mitgebracht hat, kann sich in den zahlreichen Sportgeschäften eines ausleihen.

Orta San Giulio ○

ss229

12 km

Lagna ○

1 km

Alzo ○

5 km

Cesara ○

7 km

Omegna ○

ss229

11 km

Orta San Giulio ○

Das Gesicht eingecremt, Sonnenbrille aufgesetzt? Dann kann es losgehen. Die Radtour beginnt in **Orta San Giulio** am südlichen Ende des Sees. Bevor Sie losradeln, könnten Sie sich noch aus einer Bar ein **panino** für ein schönes Picknick unterwegs einpacken lassen. Auf angenehmen, zum Teil geteerten Straßen radeln Sie von Orta Richtung **Lagna**. Kurz vor dem Dörfchen wird der Weg zu einem schmalen Fußweg. Von Lagna führt der Weg weiter nach **Alzo**. Nun entfernen Sie sich weiter vom Seeufer und müssen ein wenig strampeln, Sie umrunden den Monte Camosino, bei **Cesara** ist der höchste Punkt der Strecke erreicht. Danach geht's entspannend bergab, bei **Omegna**, das eine hübsche Seepromenade besitzt, ist das Nordende des Orta-Sees erreicht. Von Omegna geht es die Straße entlang zurück bis nach **Orta San Giulio**, dem Ausgangspunkt der Tour. Dort hat man sich in einer gemütlichen Trattoria ein reichhaltiges Abendessen verdient.

Dauer: etwa drei Stunden; **Karte:** → S. 111

Weitwanderweg durch die Alpen

D ie »Grande Traversata delle Alpi« führt durch eine unerschlossene Alpenregion zwischen den Seealpen und dem Lago Maggiore.

Sie müssen natürlich nicht alle 1000 Kilometer durchwandern, der Weg ist in 120 Etappen aufgeteilt. Eine Etappe umfasst etwa fünf bis sieben Stunden. Jedes Tal, das Sie durchqueren, lässt Sie Neues entdecken. So gibt es zwischen den Tälern von **Varaita** und **Maira** ein Bergdorf, wo man sich noch mit einem okzitanischen Dialekt verständigt, im **Susa-** und **Varaita-Tal** fertigt man wunderbare Spitzenstoffe, in den Nebentälern des **Sesia-Tals** leben die Walser, eine kleine deutschsprachige Minderheit. Die Wege sind alle gut gekennzeichnet. Am Ende jeder Etappe, meist in kleinen Bergdörfern, gibt es eine einfache Unterkunft. Dort können Sie Bekanntschaft mit den Bergbauern schließen, unverfälschte Gerichte kosten, die sich in ihrer Zubereitung im Laufe der Jahrhunderte kaum verändert haben. Im **Grana-Tal** wartet auf Sie der **castelmango**, ein seltener Bauernkäse, der nur dort hergestellt wird. Aus dem Tal der **Dora Baltea** kommt der hochwertige Carema-Wein, bekannt seit dem 16. Jahrhundert.

Die Wanderstrecken sind von Juli bis September gut begehbar, die Unterkünfte alle geöffnet.

M an muss übrigens kein Kletterspezialist sein, die Etappen der Grande Traversata bleiben fast immer unter 2800 Meter, gute Kondition ist allerdings unerlässlich. Auch eine Portion Abenteuerlust sollte man mitbringen. Die Wege zwischen Monte Rosa und Ligurischem Apennin sind keine gut ausgebauten touristischen Pfade, sondern Maultierwege, Passstraßen, auf denen jahrhundertelang nur Bauern und Schmuggler unterwegs waren. Und genau darin liegt der Reiz dieser Tour.

Ins Wandergepäck gehören neben einer guten Wanderkarte ein Zelt oder Biwaksack für den Notfall und ein Kompass, denn GTA-Wandern bedeutet unterwegs sein in der Bergeinsamkeit.

Auskunft: Club Alpino, Via Barbaroux 1, 10122 Turin; Tel. 0 11 53 30 31
Extra-Informations-Service: Mai–Sept. Mi 9–12 und Do 15.30–18.30 Uhr; Tel. 01 13 85 64 06 und 01 15 62 44 77
Informationen im Internet: www.gtaweb.de

Wissenswertes über Anreise, Feste und Feiertage, Geld, Telefon, die schönsten Mitbringsel und Einkaufsmöglichkeiten und vieles mehr. Mit Entfernungstabelle und Klimadaten.

Über die Grenzen Piemonts hinaus berühmt: der Palio von Asti – ein buntes Kostümspektakel mit Umzug und Reiterturnier (→ S. 51, 102).

Piemont von A–Z

Anreise

Mit dem Auto

Viele Wege führen nach Oberitalien. Wer aus dem Westen kommt, ist mit der A 5 gut beraten (Karlsruhe, Gotthardpass). Von München aus gibt es die Möglichkeit, über Innsbruck, Brenner, Verona, Turin zu fahren, die Strecke München, Innsbruck, Landeck, St. Moritz, Malojapass, Comer See oder die Strecke München, Lindau, Chur, San Bernadinopass, Bellinzona zu wählen. Die Autobahnen in Italien sind gebührenpflichtig, die Höhe der **Gebühren** richtet sich nach Hubraum und Wegstrecke. Die bequemste Lösung ist die Viacard zum Abbuchen, erhältlich an den Autobahnzahlstellen. Alternativ kann man mit Kreditkarte oder EC-Karte bezahlen. Bleifreies Benzin (**senza piombo**) ist inzwischen fast überall erhältlich. Die **Tankstellen** abseits der Autobahnen sind während der Mittagszeit geschlossen. Zulässige **Höchstgeschwindigkeit** für Pkw: Stadtverkehr 50 km/h, Landstraße 90 km/h (mit Anhänger 80 km/h). Autobahn 110 km/h (Pkw unter 1100 ccm), 130 km/h (Pkw über 1100 ccm). Es herrscht **Anschnallpflicht!**

Mit dem Bus

Pauschalangebote an die oberitalienischen Seen und ins Piemont (vor allem im Herbst) hat fast jedes Busunternehmen im Programm. Meist handelt es sich dabei um Gruppenreisen zu günstigen Preisen. Stark im Kommen sind in Oberitalien so genannte themenorientierte Reisen, etwa Fitness- oder Golfferien.

Mit dem Zug

Von allen größeren deutschen und italienischen Städten gibt es direkte Zugverbindungen nach Mailands **Stazione Centrale**. Von dort starten fast stündlich Anschlusszüge. Die italienischen Staatsbahnen FS sind besser als ihr Ruf, sie sind in der Regel pünktlich, sauber und günstig. Eurostar heißt der schnellste Zug, er ist, ebenso wie der Intercity, zuschlagspflichtig. Außerdem gibt es Express, Interregio, Diretto Locale. Fahrkarten löst man vor der Fahrt und entwertet sie vor Fahrtantritt an den kleinen gelben Stempelautomaten. Nachlösen im Zug kommt teuer.

Mit dem Flugzeug

Der Turiner Flughafen **Caselle** (nationale und internationale Verbindungen) ist ca. 16 km vom Stadtzentrum entfernt. Linienbusse verbinden den Flughafen mit der Stadt Turin. Zwischen dem Turiner Flughafen und dem Mailänder Malpensa-Flughafen pendelt viermal täglich ein Bus.

Auf dem Flughafen von **Levaldigi** in Cuneo starten inneritalienische Flüge, u. a. nach Rom, Turin, Mailand, Bologna.

– Flugauskunft Turin-Airport: Tel. 01 15 67 63 61 oder 01 15 67 63 62; Internet: www.turin-airport.com
– Cuneo-Airport: Tel. 01 72 37 43 74

Auskunft

Verkehrsamt der Region Piemont ■ c 3

Via Viotti 2, 10121 Turin; Tel. 01 15 54 11 11, Fax 01 15 54 11 22; Internet: www.regione.piemonte.it

Verkehrsamt Turin ■ d 3

Via Bogino 9, 10123 Turin; Tel. 01 18 39 45 92, Fax 0 11 88 34 26; Internet: www.turismotorino.org

APT Turin ■ c 2–3

Piazza Castello 161; Tel. 0 11 53 51 81, Fax 0 11 53 00 70

Bahnhofshalle Porta Nuova ■ b 5–c 4

Tel. 0 11 53 13 27

ENIT
In Deutschland
– Karl-Liebknecht-Str. 34, 10178 Berlin;
  Tel. 0 30/2 47 83 97, Fax 2 47 83 99;
  E-Mail: enit-berlin@t-online.de
– Kaiserstr. 65, 60329 Frankfurt/Main;
  Tel. 0 69/25 93 32, Fax 23 28 94;
  E-Mail: enit.ffm@t-online.de
– Lenbachplatz 2, 80333 München;
  Tel. und Fax 0 89/53 03 69;
  E-Mail: enit-muenchen@t-online.de
Gebürenfreie Sammelnummer
für Prospektbestellung:
Tel. 0 08 00 00 48 25 42;
Internet: www.enit.it

In Österreich
Kärntnerring 4, 1010 Wien;
Tel. 00 43/1/50 54 16 30, Fax 5 05 02 48;
E-Mail: enit-wien@aon.at

In der Schweiz
Uraniastr. 32, 8001 Zürich;
Tel. 00 41/1/2 11 36 33, Fax 2 11 38 85;
E-Mail: enit@bluewin.ch

Wer Infomaterial über die herbstlichen Trüffelmärkte, über eine Feinschmeckertour durch piemontesische Küchen, einen Urlaub an den Seen des Piemont oder über ein Golfwochenende erhalten möchte, wählt die gebührenfreie **Piemont-Info-Nummer**: 0 80 01 81 94 57 (auf Deutsch).

Diplomatische Vertretungen

Bundesrepublik Deutschland
Turin   ■ a 3
Corso Vittorio Emanuele II 98;
Tel. und Fax 0 11 53 10 88

Österreich
Turin   ■ b 3
Corso Giacomo Matteotti 28;
Tel. 01 15 63 58 76, Fax 01 15 63 41 94

Schweiz
Mailand
Via Palestro 2; Tel. 0 27 77 91 61,
Fax 02 76 01 42 96

Einkaufen

Piemont hat musikalisch einiges zu bieten: So werden in Valduggia Glocken gefertigt, in Piasco Harfen, in Leini Akkordeons, in Solero Gitarren, in Centallo Orgeln, in Quarna Blasinstrumente und in Rosignano Monferrato Lauten.

In den Alpentälern von Ossola bis nach Cuneo hat das **Holzschnitzerhandwerk** Tradition. Schnitzhochburg ist Saluzzo, die wunderschönen handgefertigten Möbel sind in ganz Italien heiß begehrt.

Hergestellt werden aber auch jede Art von **Hausutensilien**. Biella ist für rustikale Stilmöbel bekannt, die Tischler im Sesia-Tal und oberhalb Novara sind Spezialisten in der Reproduktion der für die Walser typischen Einrichtungsgegenstände. Töpfer- und Steinmetzarbeiten sind typisch für Canavese, Castellamonte und das Ossola-Tal.

Wertvollere Materialien werden in Valenza Po verarbeitet. Die **Goldschmieden** von dort sind weltbekannt. Die Hochburg für Silberverarbeitung ist Alessandria.

Stoffherstellung und vor allem Spitzenhandwerk übt man noch in Biella aus; eine besondere Art von Schuhen fertigt man in Valsesia: den **scapin**, einen handgenähten Spitzenpantoffel mit weicher Sohle. Erwähnenswert sind auch die **Wandteppiche** aus Asti, die durch die Zusammenarbeit mit einigen großen Malern wie Capogrossi Weltruhm erlangten.

Die kleinen Önotheken, die man im Piemont in nahezu jedem Ort findet, eignen sich bestens dazu, den Weinkeller zu Hause mit edlen Tropfen aufzufüllen. Regionale Spezialitäten gibt es in den Feinkostgeschäften in Turin genauso wie in regionalen Tante-Emma-Läden. Günstig einkaufen können Sie auf den **Wochenmärkten,** die selbst in den kleinsten Orten abgehalten werden.

Öffnungszeiten

Die Geschäfte sind in der Regel von 9 bis 12.30 oder 13 Uhr und von 15.30 oder 16 bis 19.30 Uhr geöffnet, in Ferienorten auch länger. Einige Geschäfte haben dagegen am Montagvormittag geschlossen.

Feiertage

1. Jan.	Neujahrstag
6. Jan.	Erscheinungsfest
24. April	Tag der Befreiung vom Faschismus
1. Mai	Tag der Arbeit
2. Juni	Tag der Republik
15. Aug.	Mariä Himmelfahrt
1. Nov.	Allerheiligen
8. Dez.	Mariä Empfängnis
25./26. Dez.	Weihnachten

Feste und Festspiele

Februar
Battaglia delle arance in Ivrea
Von Donnerstag bis Faschingssonntag werfen die Einwohner in traditionellen Kostümen gekleidet mit Orangen um sich. So erinnert man an einen blutigen Aufstand im Mittelalter …

Fagiolata in Biella
Zehn Köche in historischen Kostümen kochen in Biella am Faschingsmontag in riesigen Töpfen Bohnensuppe.

April/Mai
Salone dell Automobile in Turin
Internationale Automobilausstellung alle zwei Jahre (2002, 2004).

Mai
Elezione del »grassone« dell'anno in Cavour
Traditionelles Wettessen am zweiten Sonntag im Mai.

Juni
Festa di San Giovanni in Turin
Fest am 24. Juni zu Ehren des Schutzpatrons der Stadt.

August/September
Settimana Musicale in Stresa
Musikwoche am Lago Maggiore.

September
Douja d'Or in Asti
Zehn Tage lang, Anfang September, dreht sich in Asti auf der Piazza Alfieri alles um den Wein.

Palio di Asti
Farbenprächtiger Umzug und Reiterspiele am dritten Sonntag in Asti.

Oktober
Palio degli Asini in Alba
Eine Art Gegen-Palio zu Asti am ersten Sonntag im Oktober.

Fiera del Tartufo in Alba
Ausstellungen, Probierstände und jede Menge Action rund um die Trüffeln (→ MERIAN-Tipp, S. 40).

November
Torino Film Festival
Im November dreht sich in Turin alles um den zeitgenössischen Film.

Weitere Feste und Festspiele finden Sie bei den einzelnen Orten im Kapitel »Sehenswerte Orte«.

Geld

Seit 1. Januar 2002 sind die Euro-Banknoten und -Münzen im Umlauf. Nun kommen Sie also um die lästigen Wechselmodalitäten herum. Die italienische Lira verlor zum 1. März 2002 ihre Gültigkeit als gesetzliches Zahlungsmittel. Der Wechselkurs für Schweizer Franken lautet:
1 € = 1,54 sFr (Stand Juli 2003)
Die **Banken** sind gewöhnlich wochentags 8.30–13.30 und 15–16 Uhr geöffnet. An Geldautomaten (**bancomat**) können Sie auch außerhalb der Banköffnungszeiten mit EC- oder Kreditkarte und Geheimnummer Bargeld abheben.

Die gängigen **Kreditkarten** werden in fast allen Hotels und Restaurants akzeptiert.

Medizinische Versorgung

Gegen Vorlage des Formulars **E 111**, das es bei den Krankenkassen gibt, bekommt man in Italien kostenlose ärztliche Versorgung und wird in den Krankenhäusern behandelt. Die Apotheken heißen **farmacia** und sind in allen größeren Orten vorhanden.

Mobilfunk

In Italien funktionieren alle Mobilnetze fast flächendeckend, in bergigen Bereichen gibt es allerdings noch Funklöcher. Für Ihren Akku benötigen Sie einen Zwischenstecker.

Notruf

Carabinieri 112
Polizei/Rettungsdienst 113
Feuerwehr 115
Pannenhilfe des Automobilclubs ACI 116

Post

Die Postämter sind in der Regel Mo bis Sa von 8.45 bis 13.45 Uhr geöffnet. Briefmarken (**francobolli**) bekommt man auch in Bars oder Tabakläden. Die italienische Post ist nicht gerade für ihre Schnelligkeit bekannt, daher sollten Sie Ihre Urlaubsgrüße besser frühzeitig in die roten Briefkästen stecken.

Reisedokumente

Für die Einreise nach Italien genügt der **Personalausweis**. Kinder ab 16 Jahren benötigen einen eigenen Ausweis. Autofahrer sollten neben **Führerschein** und **KFZ-Ausweis** die **grüne Versicherungskarte** einstecken.

Reisewetter

Heiße Sommer und kalte niederschlagsreiche Winter – in Oberitalien herrscht typisches Kontinentalklima. Vor allem an den oberitalienischen Seen sind jedoch Herbst, Winter und Frühjahr relativ mild. Eine Reise an die oberitalienischen Seen ist im Frühjahr besonders schön, wenn alles grünt und blüht, zum Wandern empfehlen sich Spätsommer und Herbst, der auch die geeignete Zeit für einen Wein- und Trüffel-Ausflug ins Piemont ist.

Telefon

Öffentliche Telefone funktionieren mit Telefonkarten, **sceda telefonica**, die man in **tabacchi**-Läden und Kiosken bekommt. Vor Gebrauch muss man die linke obere Ecke abknicken. Telefonkabinen, in denen man mit Bargeld oder **gettoni**, Telefonmünzen, telefonieren kann, werden immer seltener.

Nebenkosten in Euro [B]an der Bar, [T]am Tisch	
1 Espresso	0,90–1,50[B]/2,30[T]
1 Bier	1,30–2,80[B]/4,30[T]
1 Cola	0,90–2,50[B]/3,90[T]
1 Brot (ca. 500 g)	1,00
1 Schachtel Zigaretten	1,80–2,80
1 Liter Benzin	1,00
Fahrt mit Bus (Einzelfahrt)	1,00
Mietwagen/Tag	ab ca. 50,00

Auskunft
Inland 12
Ausland 176

Vorwahlnummern
D, CH → I: 00 39
A → I: 00 40
I → D: 00 49
I → A: 00 43
I → CH: 00 41

Achtung! Die Ortsvorwahl ist seit Juni 1998 in Italien fester Bestandteil der Nummer und muss auch im eigenen Ortsbereich mitgewählt werden. Ebenso die Null des Ortscodes bei Anrufen aus dem Ausland nach der Vorwahl.

Tiere

Die Mitnahme von Hunden und Katzen nach Italien ist erlaubt, wenn man für die Tiere einen Herkunftsnachweis und ein tierärztliches Gesundheitszeugnis von einer offiziellen Stelle vorweisen kann. Auf diesem Schein muss bestätigt sein, dass die Tiere für gesund befunden wurden und

gegen Tollwut geimpft sind. In den meisten Hotels sind Vierbeiner keine besonders willkommenen Gäste. Grundsätzlich gilt leider folgende Regel: Je teurer das Hotel, desto größer ist die Chance, dass auch der vierbeinige Liebling aufgenommen wird.

In folgenden Unterkünften im Piemont ist die Mitnahme von Hunden erlaubt:
Alessandria:
Alle Due Buoi Rossi .... S. 46
Asti: Aleramo .... S. 51
Cannobio: Pironi .... S. 79
Cuneo: Principe .... S. 60
Domodossola: Corona .... S. 64
Novara: La Rotonda .... S. 66
Orta San Giulio: Orta .... S. 83
Turin: Gran Mogol .... S. 22

Verkehrsverbindungen

Auto
Wer mit dem Auto unterwegs ist, sollte sich auf die oft etwas chaotische Fahrweise der Italiener einstellen. In den Zentren der großen Städte herrscht nahezu überall **eingeschränktes Halteverbot**, das rigoros

Die genauen Klimadaten von Turin

		Januar	Februar	März	April	Mai	Juni	Juli	August	September	Oktober	November	Dezember
Durchschnittl. Temp. in °C	Tag	4,0	6,7	13,0	18,3	23,1	26,7	29,4	27,9	23,9	17,0	9,3	5,4
	Nacht	-1,7	0,4	4,3	8,3	12,9	16,4	18,9	17,8	14,7	9,3	4,3	0,2
Sonnenstunden pro Tag		3	4	5	6	7	7	8	7	6	4	3	2
Regentage		3	4	6	8	9	10	6	6	5	7	7	5

Quelle: Deutscher Wetterdienst, Offenbach

kontrolliert wird. Es empfiehlt sich deshalb, das Auto am Ortseingang zu parken und mit den öffentlichen Verkehrsmitteln weiterzufahren.

Leihwagen
Die großen Autoverleiher wie Avis, Budget, Europcar oder Hertz haben Büros an den Flughäfen und in allen größeren Städten.

Schiff
Auf allen größeren Seen sind Schiffe und Tragflächenboote unterwegs: Lago Maggiore, Tel. 0 32 24 66 51; Lago d'Orta, Tel. 03 22 84 48 62

Öffentliche Verkehrsmittel
In Turin starten von der Stazione FS Porta Nuova, Piazza Carlo Felice, folgende **Zuglinien**: Milano – Venezia, Genova – Rom, Piacenza – Bologna, Cuneo – Ventimiglia, Casale – Monferrato. Von der Stazione FS Porta Susa, Piazza VII Dicembre: Milano – Venezia, Aosta, Cuneo – Ventimiglia, Casale – Monferrato. Zugverbindungen können auch im Internet abgefragt werden unter www.fs-online.com.

Der Hauptstartpunkt der **Autobusse** in Turin ist der Corso Inghilterra, weitere Verbindungen gibt es vom Corso Marconi und der Piazza Carlo Felice.

Wirtschaft

Das Piemont ist eines der wirtschaftlichen »Zugpferde« Italiens und stark von Gewerbe, Industrie und Dienstleistung geprägt. Obwohl die Landwirtschaft ein wichtiger Wirtschaftszweig ist, arbeitet der Großteil der Bevölkerung in den Industriezentren. Im Dreieck Turin, Ivrea, Novara befindet sich die technische Entwicklungszentrale Italiens; mehrere Firmen mit Weltniveau haben hier ihre Stammsitze, wie z.B. Fiat und Olivetti.

Zoll

Der Warenverkehr für den Privatverbrauch ist innerhalb der EU frei, allerdings gelten Richtmengen: bis 800 Stück Zigaretten, 10 l Spirituosen, 90 l Wein.

Wegzeiten (in km) zwischen wichtigen Orten

	Alessandria	Asti	Cuneo	Domodossola	Mailand	Novara	Saluzzo	Sestriere	Turin	Verbania
Alessandria	–	32	128	182	95	85	114	166	87	164
Asti	32	–	95	209	127	78	81	133	55	172
Cuneo	128	95	–	290	221	179	32	118	84	272
Domodossola	182	209	290	–	122	97	274	275	180	44
Mailand	95	127	221	122	–	48	208	237	143	104
Novara	85	78	179	97	48	–	160	189	95	79
Saluzzo	114	81	32	274	208	160	–	86	65	256
Sestriere	166	133	118	275	237	189	86	–	94	255
Turin	87	55	84	180	143	95	65	94	–	161
Verbania	164	172	272	44	104	79	256	255	161	–

7. Jh. v. Chr.
Das westliche Oberitalien wird von den Ligurern bewohnt.

6. Jh. v. Chr.
Die Ligurer werden von den Etruskern abgelöst.

4. Jh. v. Chr.
Die Römer machen Italien zum Mittelpunkt der Alten Welt, die Kelten verdrängen die Ligurer.

191 v. Chr.
Oberitalien wird die römische Provinz Gallia Cisalpina.

1. Jh. n. Chr.
Zur Sicherung ihrer Militärstraßen über die Alpen nach Gallien gründen die Römer die Militärsiedlungen Aqua Statiellae (Acqui Terme), Hasta (Asti), Segusium (Susa), Augusta Taurinorum (Turin), Eporedia (Ivrea) u. a.

293
Bei der Neuordnung des Römischen Reichs unter Kaiser Diokletian wird Mailand Residenz des Mitkaisers Maximilian.

313
Kaiser Konstantin erkennt mit dem Mailänder Edikt das Christentum an.

596
Die Langobarden erobern ganz Oberitalien.

774
Unter Karl dem Großen wird das Langobardenreich in Oberitalien dem Frankenreich einverleibt.

951
Der deutsche Stauferkönig Otto I. unterwirft Oberitalien.

10. Jh.
Das Piemont wird von den Sarazenen nahezu völlig verwüstet.

1033
Die französischen Savoyer beerben die vierte Dynastie des Piemont und erhalten durch Heirat die Markgrafschaft Turin.

1093
Oberitalienische Städte schließen sich zur »Lombardischen Liga« gegen Kaiser Heinrich IV. zusammen.

1176
Kaiser Friedrich I. Barbarossa scheitert an der Belagerung Alessandrias und unterliegt dem Heer der »Lombardischen Liga« bei Legano.

1278
Die Familie Visconti übernimmt die Macht in Mailand, die sie rasch bis nach Venetien und ins Piemont ausweitet.

1416
Die Grafschaft Savoyen wird Herzogtum.

1563
Turin wird Haupstadt des Herzogtums Savoyen.

1718
In der Folge des Spanischen Erbfolgekrieges werden die Savoyer Könige von Sardinien-Piemont.

1800
Napoleon unterwirft die Habsburger in der Schlacht bei Marengo und besetzt Piemont für zwölf Jahre.

1805
Napoleon lässt sich im Mailänder Dom zum König von Italien krönen. Das Land erhält eine eigene Verfassung.

1815
Mailand und Venedig werden unter dem Namen Lombardo-Venetisches Königreich österreichische Provinzen.

Mitte 19. Jh.
Aufstände in ganz Italien gegen die Vorherrschaft Österreichs. Nach der Abdankung von Karl Albert von Piemont werden sein Nachfolger Vittorio Emanuele II und Minister Cavour zu Wegbereitern eines geeinten Italien.

1861
In Turin wird das Königreich Turin ausgerufen, Vittorio Emanuele II nimmt den Titel »König von Italien« an.

1864
Hauptstadtverlegung von Turin nach Florenz.

1899
Geburtsjahr des Automobilwerks Fiat.

1908
In Ivrea wird das Unternehmen Olivetti gegründet.

1922–1926
Unter Benito Mussolini wird der Faschismus Staatsmacht.

1943
Italien schließt mit den Alliierten einen Waffenstillstand.

1944
Gründung des Komitees zur Befreiung Oberitaliens (Comitato di Liberazione Nazionale dell'Alta Italia).

1946
Italien wird Republik.

1950–1960
Die großen Städte im Norden Italiens erfahren einen gewaltigen Zustrom von Immigranten aus Süditalien.

1970
Piemont wird selbstständige Republik.

1992
Umberto Bossi erzielt mit seiner neu gegründeten Partei Lega Nord große Wahlerfolge in Norditalien.

27./28. März 1994
Der Mailänder Medienmogul Silvio Berlusconi schafft mit seiner Volksbewegung Forza Italia bei den Wahlen auf Anhieb den Sprung ins Parlament und wird Italiens Regierungschef.

August 1994
Sturzflug der Lira, die deutsche Mark steigt auf über 1000 Lire.

22. Dezember 1994
Silvio Berlusconi kommt mit seinem Rücktritt einem Sturz durch Misstrauensanträge zuvor.

1995
Eine Hochwasserkatastrophe erschüttert Oberitalien. Auch das Piemont erleidet schwere Schäden. Museen werden überflutet, wertvolles Kunstgut beschädigt.

21. April 1996
Neuwahlen bringen einen Linksruck, das Mitte-Links-Bündnis unter Romano Prodi gewinnt die Parlamentswahlen, Niederlage für das rechte Bündnis unter Silvio Berlusconi.

1998
Linksbündnis unter Massimo D'Alema.

1999
Turin wird die Olympischen Winterspiele 2006 ausrichten.

2001
Rechtsbündnis unter Silvio Berlusconi übernimmt die Regierung.

2003
Hunderttausende demonstrieren in ganz Italien gegen die billigende Haltung der Berlusconi-Regierung zum Irakkrieg.
Italien übernimmt den EU-Vorsitz.

Wichtige Wörter und Ausdrücke

Ja	*si*
Nein	*no*
Bitte	*per favore, per piacere*
Und	*e*
Wie bitte?	*prego, come?*
Ich verstehe nicht	*non capisco*
Entschuldigung, entschuldigen Sie	*scusa, scusi*
Guten Morgen, guten Tag	*buon giorno*
Guten Abend (sagt man in Italien schon nachmittags)	*buona sera*
Gute Nacht	*buona notte*
Hallo	*ciao*
Ich heiße ...	*mi chiamo ...*
Ich komme aus ...	*(io) vengo da ...*
Wie geht's ?	*come va?*
Danke, gut	*bene, grazie*
Wer, was, welcher	*chi, (che)cosa, quale*
Wie viel	*quanto*
Wo ist?	*dove è?*
Wann	*quando*
Wie lange	*per quanto tempo*
Sprechen Sie Deutsch?	*Lei parla tedesco?*
Auf Wiedersehen	*arrivederci*
Heute	*oggi*
Morgen	*domani*

Zahlen

null	*zero*
eins	*uno*
zwei	*due*
drei	*tre*
vier	*quattro*
fünf	*cinque*
sechs	*sei*
sieben	*sette*
acht	*otto*
neun	*nove*
zehn	*dieci*
hundert	*cento*
tausend	*mille*
zehntausend	*diecimila*
hunderttausend	*centomila*
1 Million	*un millione*

Wochentage

Montag	*lunedì*
Dienstag	*martedì*
Mittwoch	*mercoledì*
Donnerstag	*giovedì*
Freitag	*venerdì*
Samstag	*sabato*
Sonntag	*domenica*

Mit und ohne Auto unterwegs

Wie weit ist es nach ....?	*Quanto è distante ...?*
Wie kommt man nach ...?	*Come si arriva a ...?*
Wo ist ...	*Dove è ...*
– die nächste Werkstatt?	*– l'officina più vicina?*
– der Bahnhof/ Busbahnhof?	*– la stazione/stazione del pullman (autobus)*
– die nächste Bus-Station?	*– la fermata del pullman (autobus) più vicina?*
– der Flughafen?	*– l'aeroporto?*
– die Touristeninformation?	*– l'ufficio turistico?*
– die nächste Bank?	*– la banca più vicina?*
– die nächste Tankstelle?	*– il distributore di benzina?*
Bitte volltanken	*Per favore, il pieno di benzina*
Super	*benzina super*
Bleifrei	*senza piombo/ benzina verde*
Diesel	*diesel*
Mischung	*miscela per motocicli*
rechts	*destra*
links	*sinistra*
geradeaus	*diritto*
Ich möchte ein Auto/ein Fahrrad mieten	*Vorrei noleggiare un automobile/ una bicicletta*
Bitte eine Fahrkarte nach ...	*Per favore, un biglietto per ...*
Hin und zurück	*andata e ritorno*

Hotel

Ich suche ein Hotel	Cerco un albergo
Ich suche ein Zimmer für ... Personen	Cerco una camera per ... persone
Haben Sie noch ein Zimmer frei?	Lei ha ancora una camera libera?
– für eine Nacht	– per una notte
– für zwei Tage	– per due giorni
– für eine Woche	– per una settimana
Ich habe ein Zimmer reserviert	Ho prenotato una camera
Wie viel kostet das Zimmer?	Quanto costa (la camera)?
– mit Frühstück	– con prima (piccola) colazione
– mit Halbpension	– con mezza pensione
Kann ich das Zimmer sehen?	Posso vedere la camera?
Ich nehme das Zimmer	Si, la prendo
Doppelbett	matrimoniale
Kann ich mit Kreditkarte zahlen?	Posso pagare con la carta di credito?
Haben Sie noch Platz für ein Zelt/einen Wohnwagen?	C'è ancora posto per una tenda/una roulotte?

Restaurant

Die Speisekarte bitte	La lista delle vivande (il menu), per favore
Die Rechnung bitte	Il conto, per favore
Ich hätte gern einen Kaffee	Vorrei un caffè
Wo finde ich die Toiletten? (Damen/Herren)	Dove trovo i gabinetti? (Signore/Signori)
Kellner	cameriere
Frühstück	prima (piccola) colazione

Mittagessen	colazione (pranzo)
Abendessen	cena
Löffel	cuchiaio
Messer	coltello
Gabel	forchetta

Einkaufen

Wo gibt es ...?	Dove è ...?
Haben Sie ...?	Lei ha ...?
Wie viel kostet ...?	Quanto costa ...?
Das ist zu teuer	Costa troppo
Geben Sie mir bitte 100 g/ ein Pfund/ ein Kilo	Per favore, mi dia un etto/ mezzo chilo/ un chilo
Danke, das ist alles	Grazie, è tutto
Geöffnet/ geschlossen	aperto/chiuso
Bäckerei	fornaio, panetteria, panificio
Konditorei	pasticceria
Kaufhaus	grande magazzino
Markt	mercato
Metzgerei	macelleria
Haushaltswaren	negozio di casalinghi
Lebensmittel	negozio (generi) di alimentari
Briefmarke(n) für einen Brief/ Postkarte nach Deutschland/Österreich/Schweiz	francobollo(i) per una lettera/ cartolina per la Germania/ l'Austria/ la Svizzera

Notfälle

Ich brauche einen Arzt/Zahnarzt	Ho bisogno di un medico/dentista
Wir hatten einen Unfall	Abbiamo avuto un incidente
Rufen Sie bitte die Polizei	Chiami la polizia per favore
Notaufnahme, erste Hilfe	pronto soccorso
Bauchschmerzen	mal di pancia
Zahnschmerzen	mal di denti
Kopfschmerzen	mal di testa
Fieber	febbre
Durchfall	diarrea

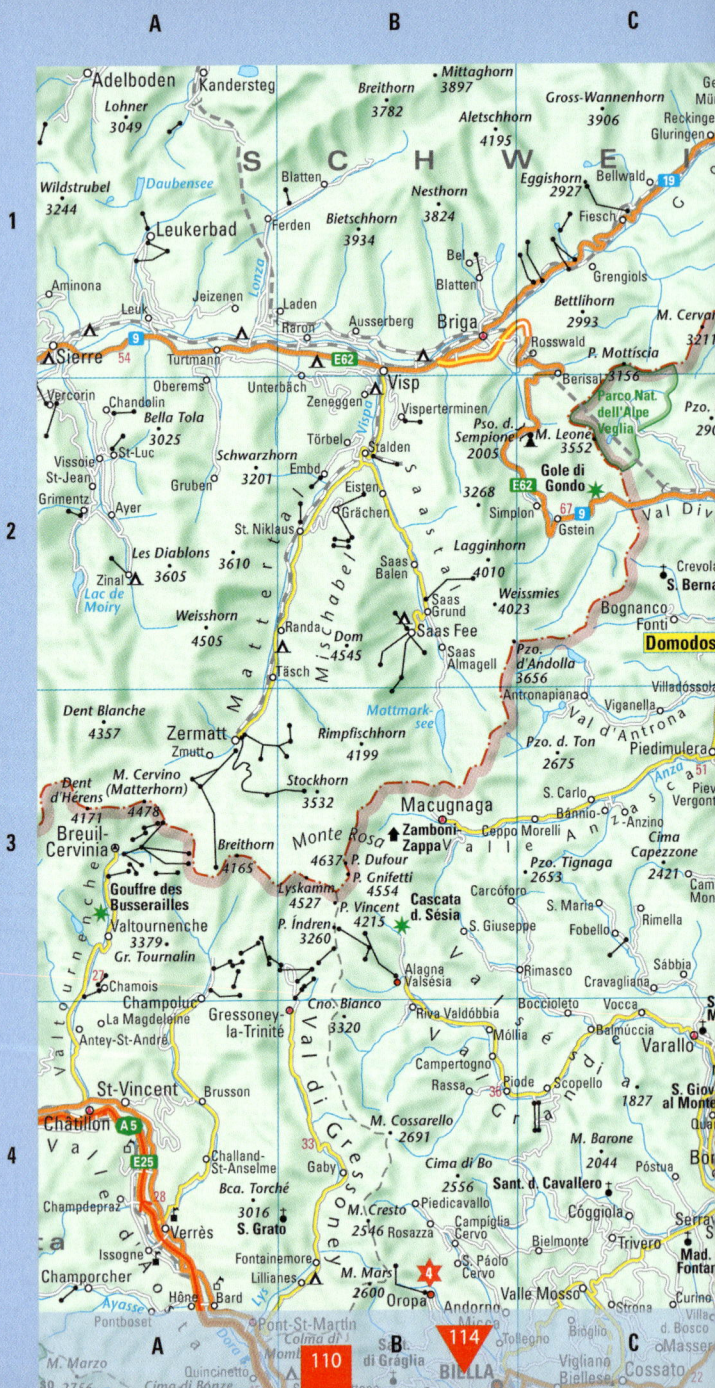

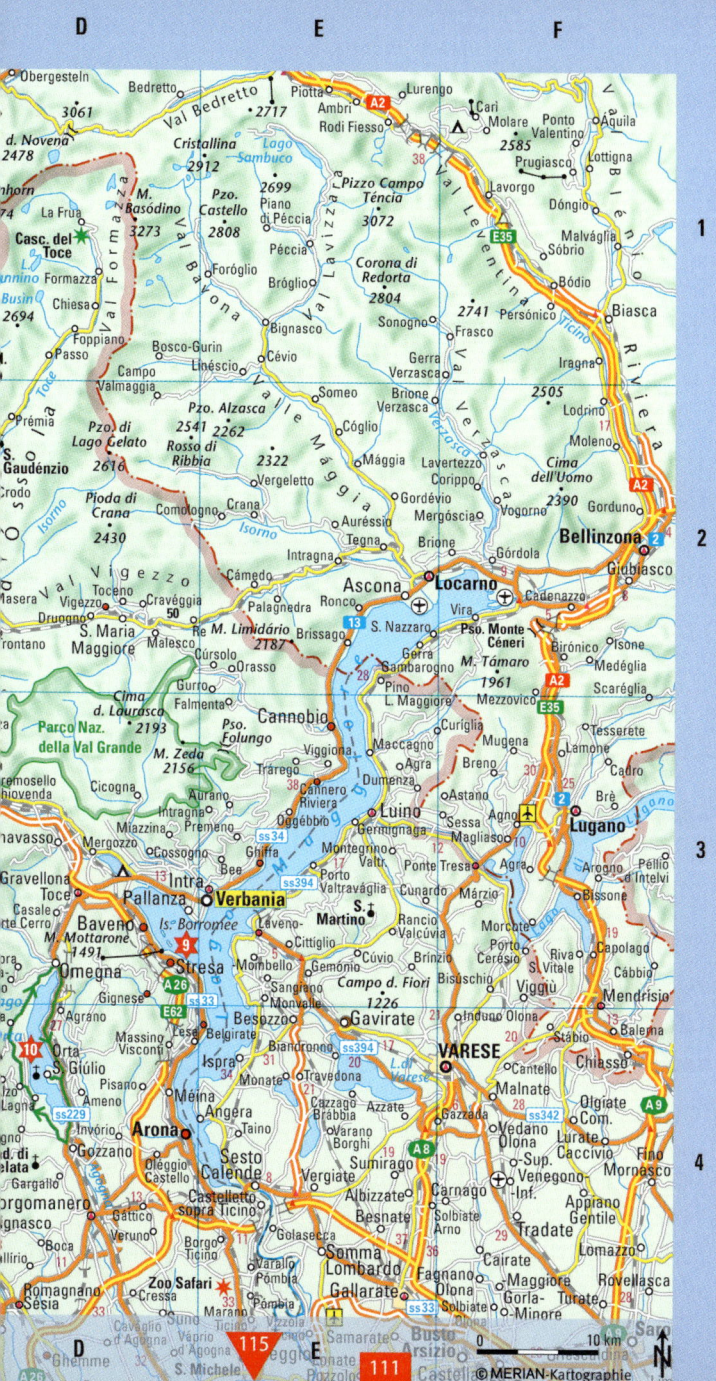

© MERIAN-Kartographie

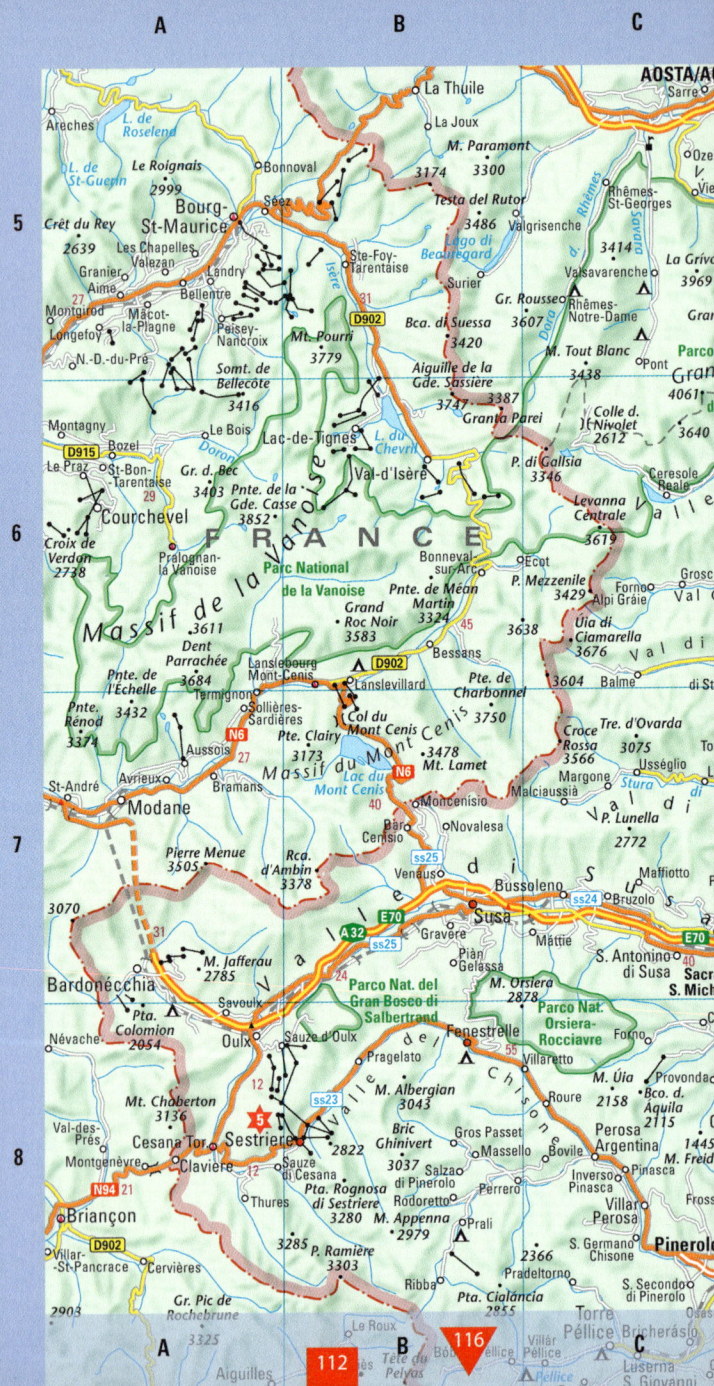

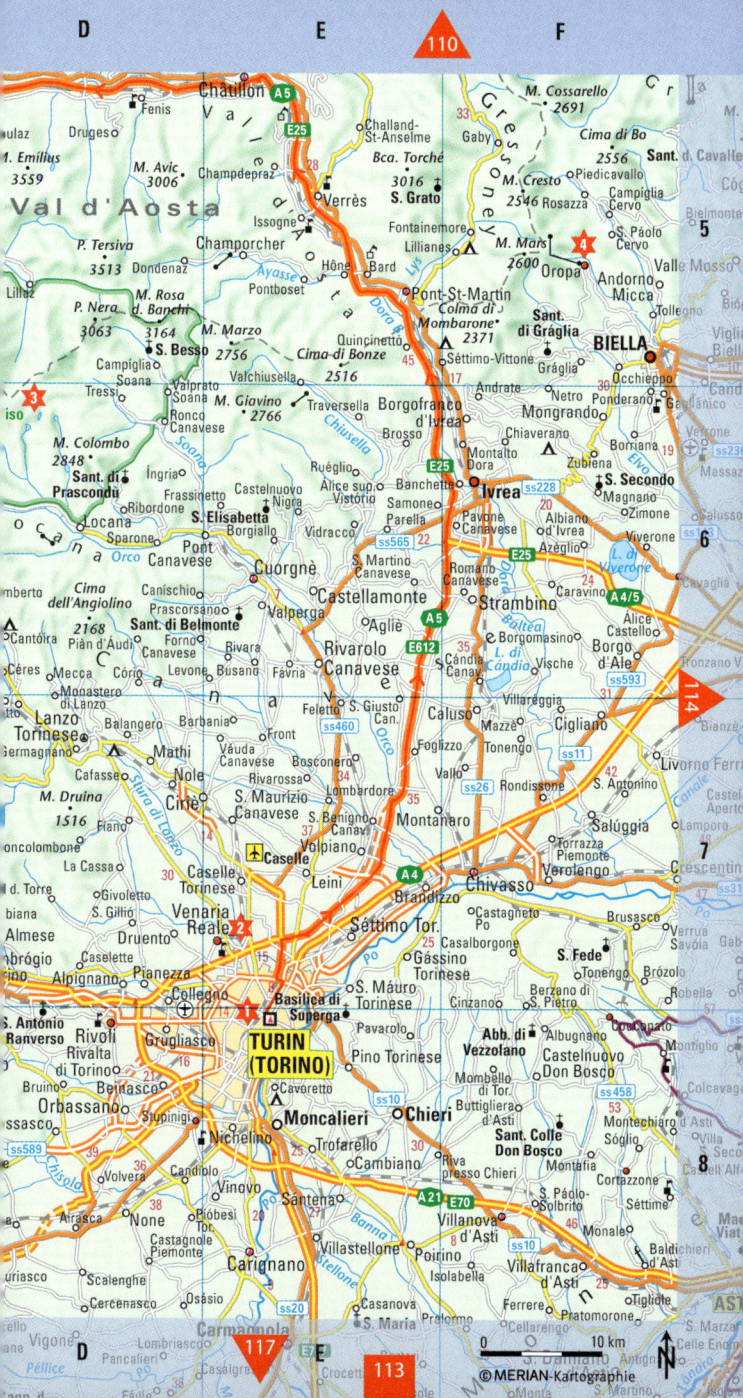

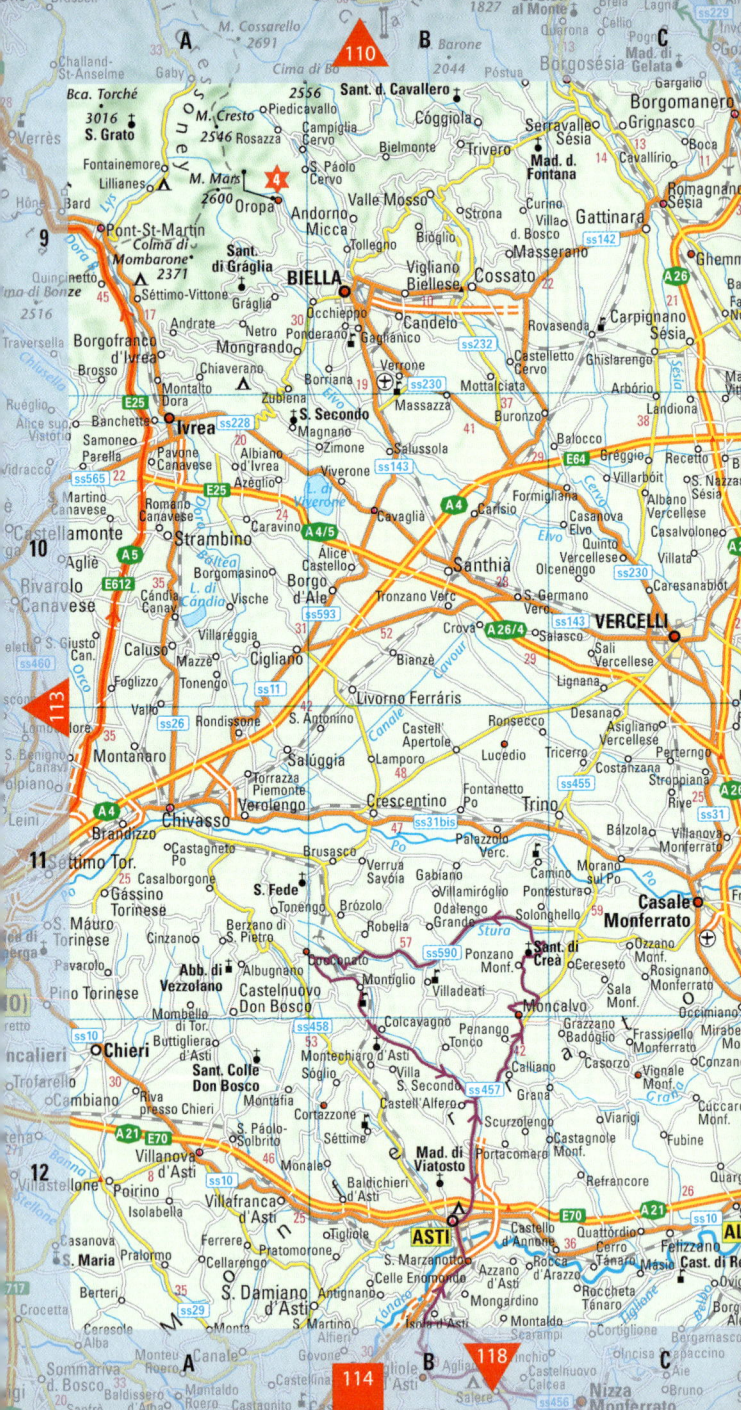

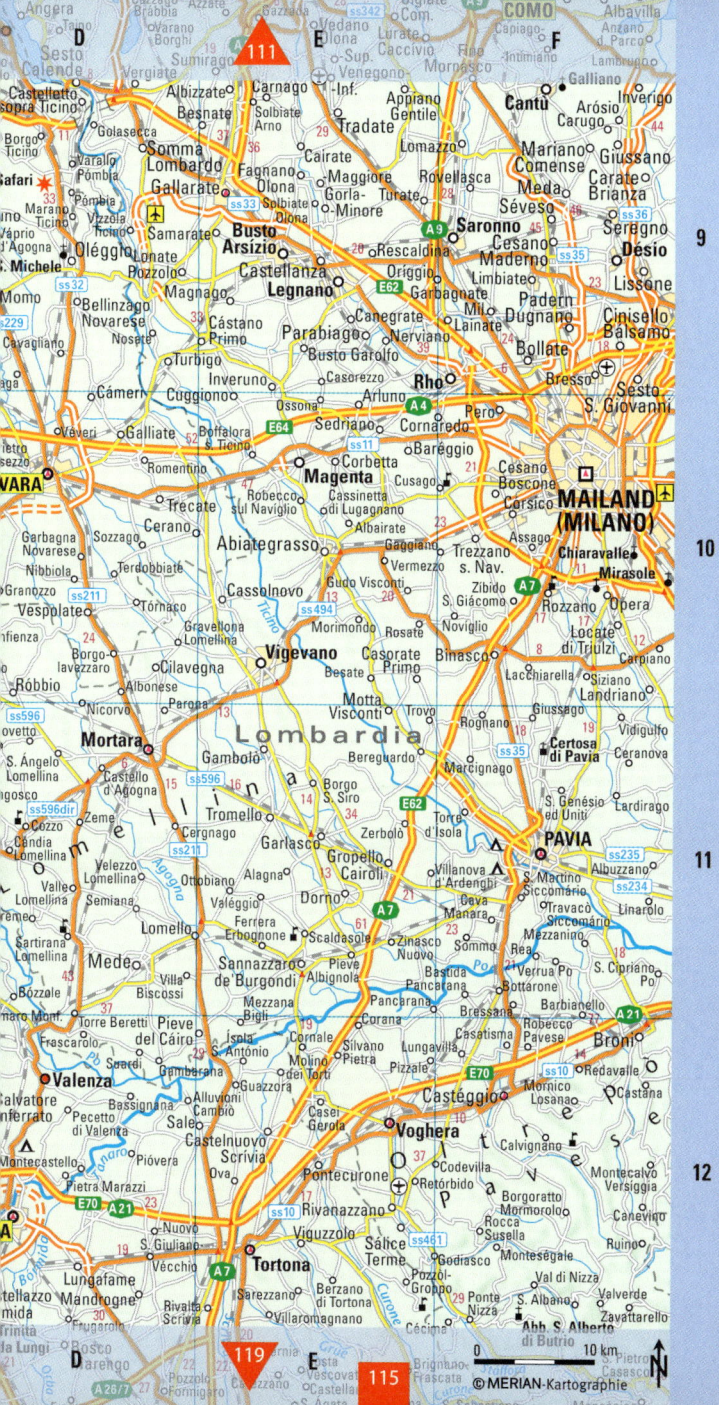

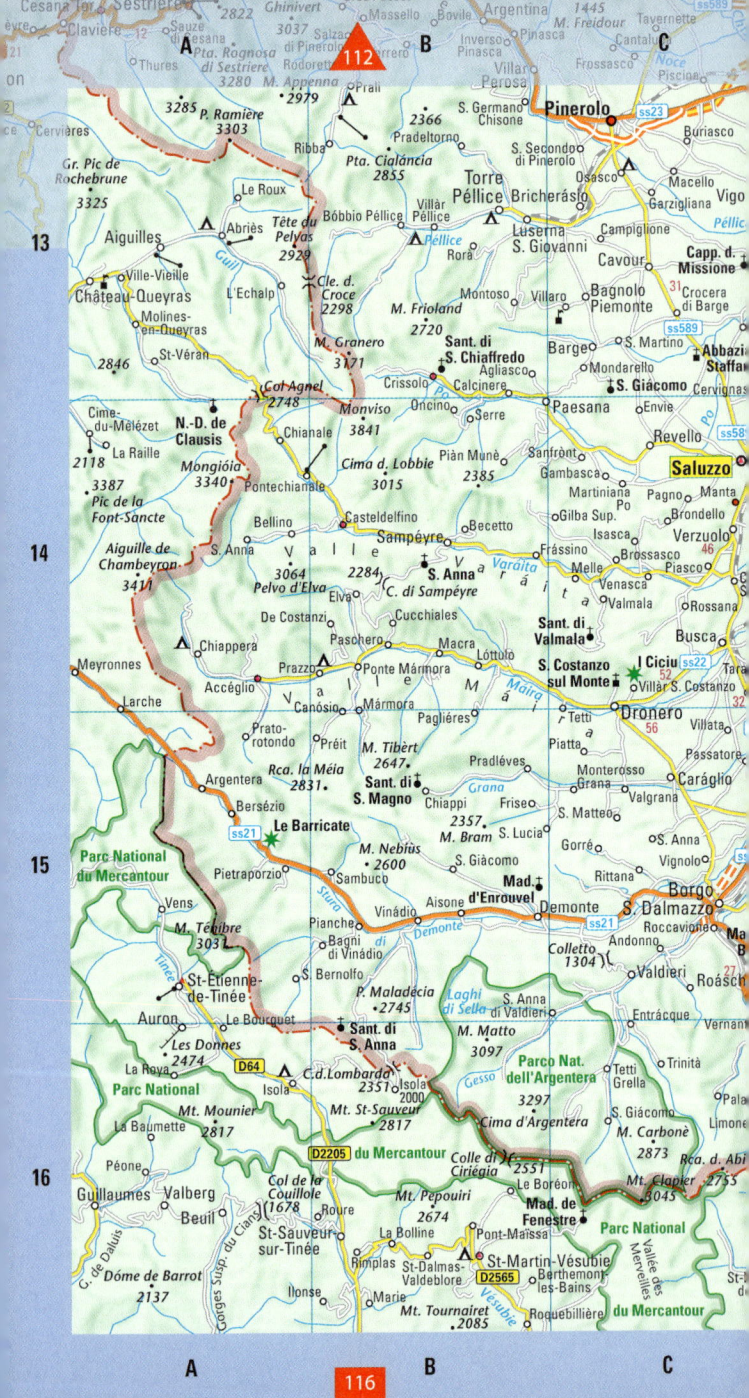

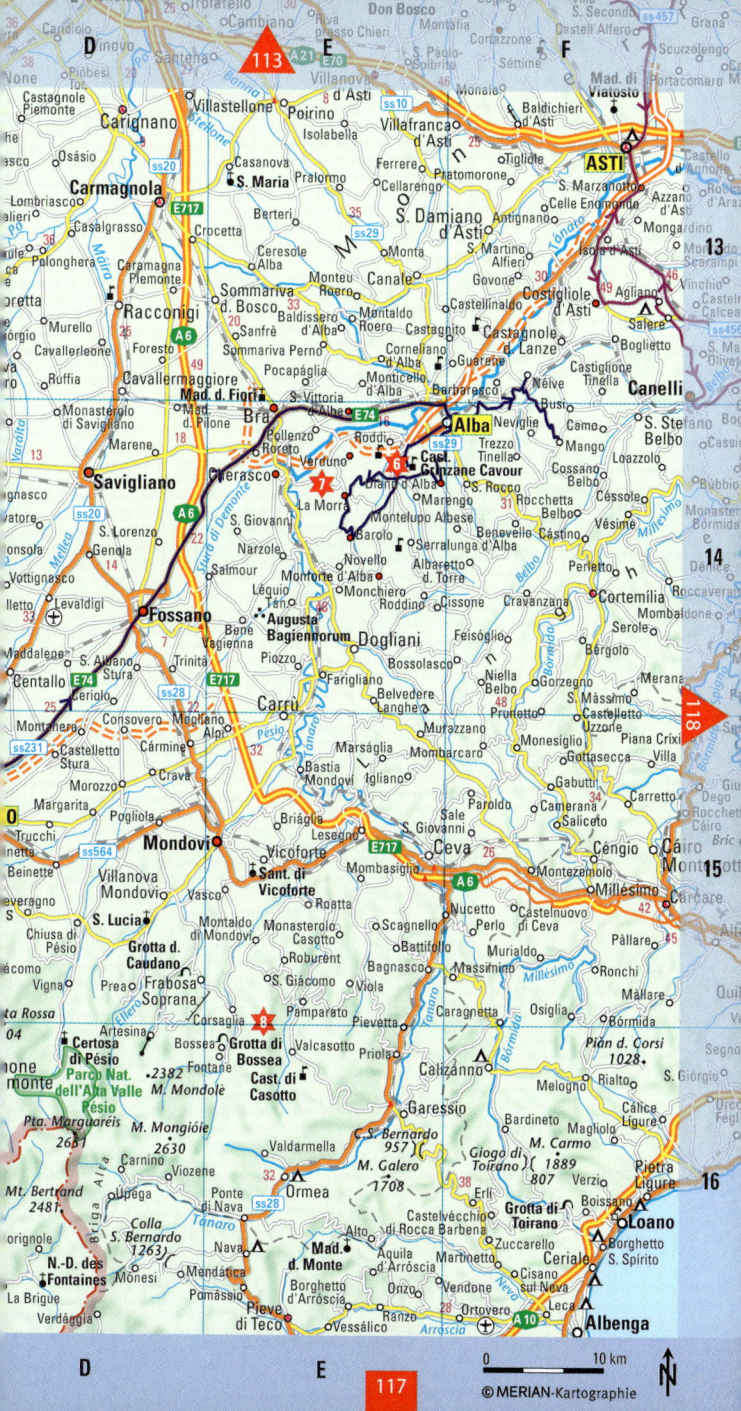

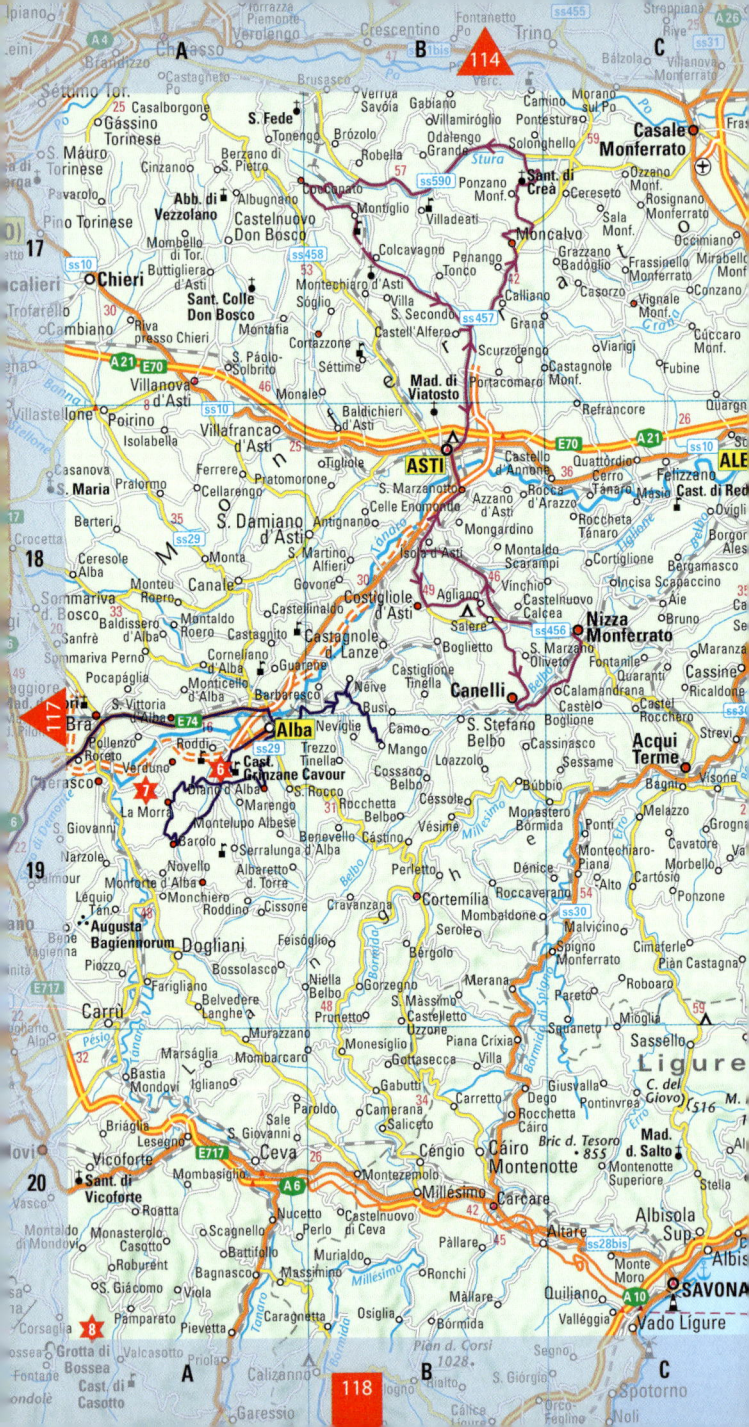

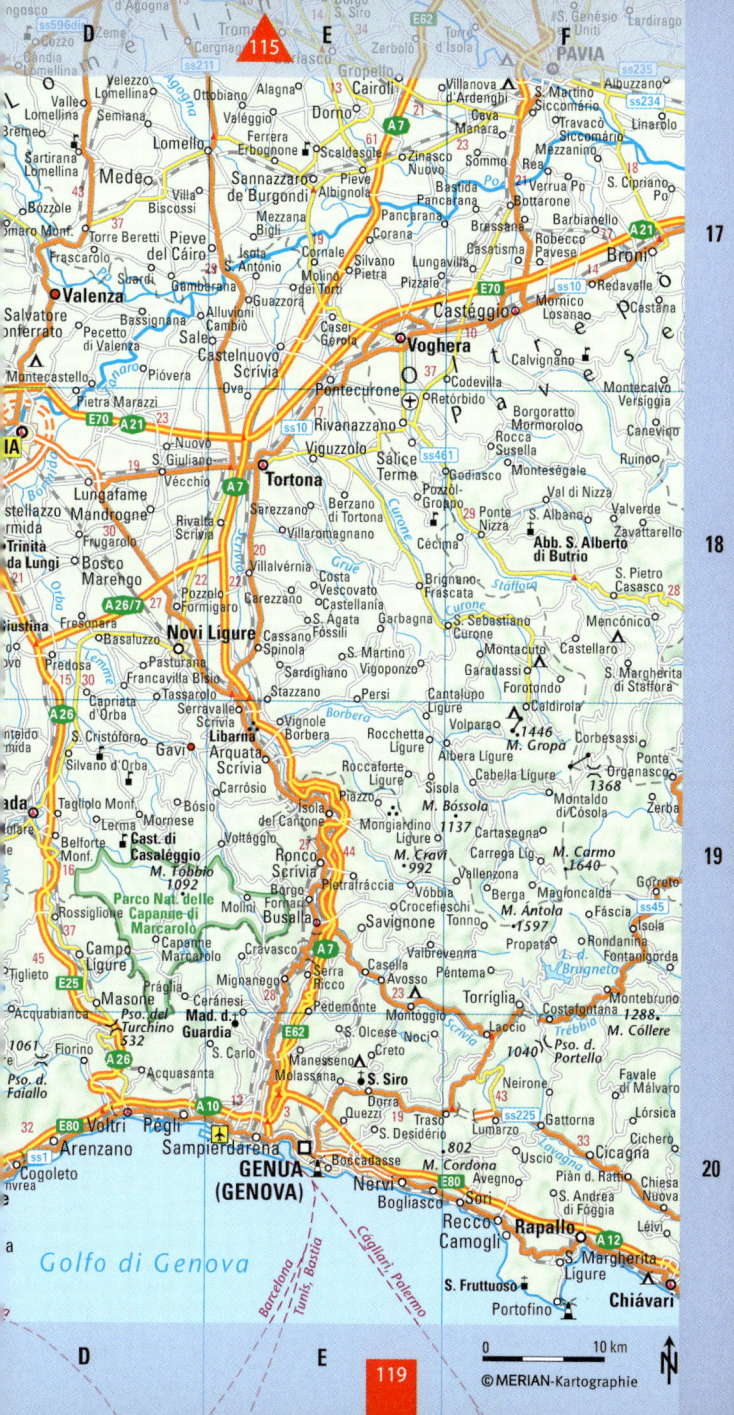

Hier finden Sie alphabetisch aufgeführt alle in diesem Band beschriebenen Orte und Ziele, Routen und Touren. Bei einzelnen Sehenswürdigkeiten steht jeweils der dazugehörige Ort in Klammern, bei Hotels steht zusätzlich die Abkürzung H für Hotel. Außerdem enthält das Register wichtige Stichworte sowie alle MERIAN-Tipps dieses Reiseführers. Wird ein Begriff mehrfach aufgeführt, verweist die **fett** gedruckte Zahl auf die Hauptnennung im Band.

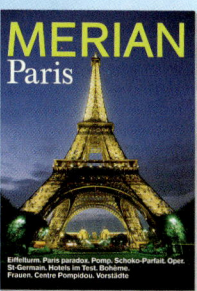

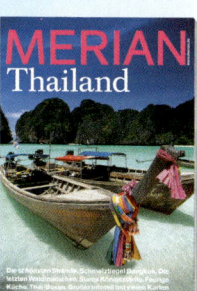
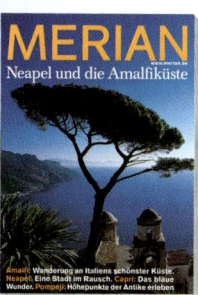
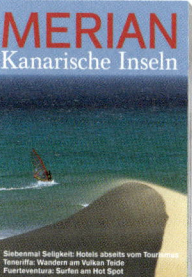
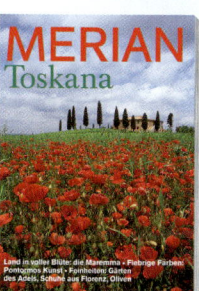

IMPRESSUM

Liebe Leserinnen und Leser,

wir freuen uns, Ihre Meinung zu diesem Reiseführer zu erfahren. Bitte schreiben Sie uns, wenn Sie Berichtigungen und Ergänzungsvorschläge haben oder Ihnen etwas besonders gut gefällt.

Gräfe und Unzer Verlag, Reiseredaktion, Postfach 86 03 66, 81630 München
E-Mail: merian-live@graefe-und-unzer.de

Alle Angaben in diesem Reiseführer sind gewissenhaft geprüft. Preise, Öffnungszeiten usw. können sich aber schnell ändern. Für eventuelle Fehler übernimmt der Verlag keine Haftung.

Verlags-/Programmleitung: Verónica Reisenegger
Text-/Bildredaktion: Saskia Nickles
Kartenredaktion: Beate Jankowski, Reinhard Piontkowski

Bei Interesse an Karten aus MERIAN-Reiseführern schreiben Sie bitte an: iPublish GmbH, geomatics, Berg-am-Laim-Straße 47, 81673 München
E-Mail: geomatics@ipublish.de

Gestaltung: Ludwig Kaiser
Karten: MERIAN-Kartographie
Produktion: Maike Harmeier
Satz: H3A GmbH, München
Druck und Bindung: Appl, Wemding

Fotos: R. Celentano/laif 14/15, 25 o/u; H. Eid/laif 9 m, 10/11, 75 m, 79 m, 84; M. Galli/Look 4/5, 33 u, 55, 75 u, 79 u; J. Greune/Look 9 o, 17, 75 o, 79 o; H. Hartmann 69 m; G. Jung 20/21, 98/99; H. Krinitz/laif 2, 9 u, 25 m, 33 o/m, 41 o/m/u, 57, 73, 86, 90/91, 95; G. P. Müller 59; M. Thomas 22, 69 o/u, 86

Gedruckt auf Primabulk von Papier Union.

ISBN 3–7742–0718–6

10 9 8 7 6 5 4 3 2

Ein Unternehmen der
GANSKE VERLAGSGRUPPE